Lydia Mammar

POURQUOI TOUT CE QUE VOUS CROYEZ ÊTRE VRAI EST FAUX

Éditeur : Stéphane Chabenat
Directrice d'ouvrage : Sylvie Pina
Suivi éditorial : Clotilde Alaguillaume
Conception graphique : Emmanuelle Noël
Illustrations : Romain Dutreix
Conception couverture : Philippe Marchand

Les éditions de **l'Opportun**
16, rue Dupetit-Thouars
75003 PARIS

www.editionsopportun.com

SOMMAIRE

INTRODUCTION

« Une erreur, fût-elle vieille de cent mille ans, par cela même qu'elle est vieille, ne constitue pas une vérité ! La foule invariablement suit la routine. C'est au contraire, le petit nombre qui mène le progrès. » (Gustave Flaubert, *Bouvard et Pécuchet*, 1881.)

Gustave Flaubert déplorait que l'on puisse accorder plus de crédit à ce qui est ancien au seul prétexte que cela est ancien justement, et que certaines vieilles erreurs puissent se perpétuer sans qu'on y prenne garde ou, pire, sans qu'on songe à les remettre en cause.

Les idées reçues, les fausses croyances, les « légendes urbaines » ou tout simplement les erreurs de prononciation, de graphie, de traduction de certains mots ou d'interprétation de certains phénomènes sont légion et ont la vie parfois dure.

Elles ont réussi à traverser le temps sans encombre et à se transmettre d'une génération à l'autre, avec une facilité parfois déconcertante et souvent assez mystérieuse.

Pourtant, certaines de ces fausses croyances sont même parfois devenues des préceptes éducatifs, des pseudo-« bonnes pratiques », des basiques de l'hygiène de vie ou de l'alimentation, des classiques de culture générale enseignés à l'école.

Il ne faudrait pas non plus en déduire pour autant que toutes ces choses apparemment vraies et pourtant fausses, à mettre aux oubliettes tant elles peuvent quelquefois être nocives, sont vieilles comme Hérode.

Paradoxalement, le fait de vivre dans un monde où l'information circule à la vitesse de la lumière ne met pas à l'abri d'erreurs aussi grossières que celles qu'ont pu commettre nos congénères en des temps plus obscurs.

Toute vérité n'est probablement pas bonne à dire ni à entendre, mais autant s'attaquer à quelques idées reçues et à quelques erreurs, cela ne peut pas faire de mal de les décortiquer, pour comprendre comment elles ont pu devenir ce qu'elles sont et s'ancrer aussi fortement dans nos esprits.

À TABLE

C'EST UNE POMME QU'ÈVE FIT CROQUER À ADAM

Le fameux « fruit défendu » qu'Ève fit croquer à Adam est une pomme, c'est un fait acquis. C'est Ève qui y goûta d'abord, influencée par le vil serpent Nahash, et qui le fit ensuite manger à Adam. Après qu'ils eurent croqué ce fruit pourtant interdit, Dieu chassa Adam et Ève de l'Éden. Ce faisant ils devinrent tous deux mortels.

Le péché originel est resté associé à la pomme.

Mais la référence à la pomme pourrait venir d'une interprétation européenne des récits bibliques : le pommier est un arbre courant en Europe, et l'arbre où le fruit défendu fut cueilli n'était pas décrit précisément. D'ailleurs, dans d'autres pays, le fruit défendu fut représenté par une figue ou une poire, ou même une grenade.

De plus, les traductions latines de la Bible mentionnent un *« pomum »*, ce qui ne signifie pas « pomme », mais tout simplement « fruit ».

LE CHOCOLAT EST UN ANTIDÉPRESSEUR

Nombreux sont les consommateurs de chocolat qui avancent que celui-ci est un excellent antidépresseur.

Las ! La consommation de chocolat est éminemment agréable, mais pas au point de faire cesser la dépression. D'ailleurs, si c'était le cas, il ne se vendrait probablement pas autant de médicaments antidépresseurs chaque année en France.

Le chocolat, loin d'être une drogue dont on peut devenir dépendant, contient une substance qui provoque des effets euphorisants, appelée anandamide. Et certains scientifiques considèrent que le chocolat contient des molécules qui empêchent la destruction de l'anandamide et prolongent les fameux effets euphorisants de l'anandamide. D'où cette fausse réputation d'antidépresseur attribuée au chocolat.

Autant se contenter des effets à court terme du chocolat et du plaisir qu'on éprouve en en croquant quelques morceaux. Il a d'ailleurs été démontré qu'au contraire, le chocolat aurait tendance à prolonger les états d'anxiété au lieu de les faire cesser.

Inutile d'essayer de trouver des prétextes fallacieux pour manger du chocolat lorsqu'on est un gourmand, surtout si l'on n'est pas déprimé !

LES JUS DE FRUITS SONT MOINS SUCRÉS QUE LE COCA-COLA

La fameuse boisson gazeuse est affublée de nombreux défauts, à commencer par la quantité de sucre qu'elle contient. Le Coca-Cola a donc la réputation d'être beaucoup plus sucré que les jus de fruits.

En y regardant d'un peu plus près, on découvre que la teneur en sucres du Coca-Cola est parfois inférieure à celle de certains jus de fruits, y compris bien sûr des nectars au nom si évocateur, vendus au rayon des jus de fruits et pourtant composés de sirop, d'assez peu de jus de fruits proprement dit, de sucre (beaucoup) et d'eau.

Par exemple : un litre de Coca-Cola contient 106 grammes de glucides, soit l'équivalent de 21 morceaux de sucre, ce qui n'est déjà pas mal ! Mais il faut savoir qu'un litre de jus d'orange frais pasteurisé en contient 105 grammes, et un litre de jus de raisin 175 grammes !

Les teneurs en sucres du Coca-Cola et des jus de fruits sont proches ou équivalentes, voire supérieures dans certains jus de fruits. Du point de vue diététique, l'intérêt nutritionnel des jus de fruits et du Coca-Cola n'est en revanche pas le même : à la différence du Coca-Cola, les vrais jus de fruits ne contiennent pas de sucres ajoutés, ce qui ne veut pas dire qu'on peut les consommer sans modération, malgré tout !

LE CAFÉ DÉCAFÉINÉ NE CONTIENT PAS DE CAFÉINE

Combien d'individus ont renoncé à leur petit noir sur le zinc, à leur petit caoua, pour se rabattre sur le café décaféiné, en invoquant les effets dévastateurs de la caféine sur leur comportement, leur sommeil et leur santé !

Le café décaféiné est supposé ne pas contenir de caféine, et donc ne pas causer le moindre désagrément à la santé. Seulement voilà : ce n'est pas le cas.

Le café décaféiné porte mal son nom puisqu'il contient quand même de la caféine, certes en moins grande quantité que dans le café classique. Des chercheurs de l'université de Floride ont fait des tests qui ont abouti au constat suivant : les cafés décaféinés contiennent de la caféine, entre 8 et 14 milligrammes pour une tasse de 25 centilitres, contre tout de même 85 milligrammes pour du café non décaféiné.

Autrement dit, ceux qui doivent éviter la caféine doivent éviter le café… et le déca !

LE GRUYÈRE EST UN FROMAGE À TROUS

Dans l'imaginaire collectif, le gruyère est ce fromage plein de trous dont les souris se délectent… mais dans l'imaginaire collectif seulement car, en réalité, le gruyère, fromage originaire de Suisse romande, n'est absolument pas troué. On le confond tout simplement avec son homologue à pâte pressée cuite, l'emmental (ou emmenthal, ou emmentaler) qui, lui, est effectivement troué.

Ce qui a probablement créé et entretenu la confusion dans les esprits, c'est que l'emmental a pendant longtemps été vendu en France sous l'appellation générique de « gruyère ». Le fromage commercialisé en France sous le vocable « gruyère » ne faisait ainsi pas la distinction entre l'emmental suisse, le gruyère suisse et le gruyère français.

Pendant quelques années, le gruyère a été l'objet de dissensions entre Helvètes et Français, chacun en revendiquant la paternité : aujourd'hui, tout semble être rentré dans l'ordre : le gruyère suisse est labellisé AOC (appellation d'origine contrôlée) depuis 2001, et le gruyère français, troué, bénéficie également d'une AOC depuis 2007.

Le gruyère français AOC est troué, tandis que le gruyère suisse, lui, ne l'est pas.

LE MIEL EST PLUS SAIN QUE LE SUCRE

Le miel jouit d'une meilleure réputation pour la santé que le sucre.

En réalité, par rapport au sucre, le miel contient assez peu de vitamines, de minéraux et d'enzymes, qui ont pourtant contribué à sa réputation de produit sain. Le miel n'est donc pas plus sain que le sucre du point de vue nutritionnel.

En revanche, il faut lui reconnaître d'autres qualités dont le sucre est exempt : par exemple, le miel a un plus fort pouvoir sucrant que n'importe quel sucre et il est surtout moins calorique, ce qui est fort appréciable. Comme il est riche en fructose et en glucose, le miel a des propriétés stimulantes, idéales pour les sportifs et les personnes fatiguées.

LES GERMES DE SOJA SONT DU SOJA

Le soja est une source de protéines végétales, particulièrement appréciée des végétariens.

Pour certains, le soja se consomme sous forme de tofu, de lait, etc. D'autres croient le reconnaître dans ces délicieux petits germes qu'ils dégustent en salade ou mélangés à d'autres légumes cuisinés au wok.

Mais ces germes de soja, comme on a coutume de les appeler, n'ont pourtant rien à voir avec des graines de soja germées ! Il s'agit en réalité de haricots germés, de la même famille que les haricots verts, appelés haricots mung ou mungo et cultivés en Asie.

LES OLIVES VERTES ET NOIRES SONT DEUX VARIÉTÉS DIFFÉRENTES D'OLIVES

Cela paraît évident : les olives vertes et les olives noires correspondent à deux variétés différentes d'olives, tant leur couleur, leur tcxture et leur goût sont différents.

Pourtant, c'est nettement plus simple que ça : il s'agit en réalité du même fruit, issu de l'olivier, cueilli à des stades de maturation différents. Les olives vertes sont récoltées au début de leur maturation, et les olives noires sont des olives bien mûres, récoltées plus tardivement.

Même les olives s'y mettent pour nous en faire voir de toutes les couleurs… et surtout des vertes et des pas mûres !

MANGER DES CAROTTES AMÉLIORE LA VISION

On dit qu'il faut manger des carottes pour avoir bonne vue : la preuve, les lapins ne portent pas de lunettes !

Blague à part, les carottes sont riches en bêta-carotène, appelé aussi provitamine A. La vitamine A, dont le bêta-carotène, est donc un précurseur chimique, c'est-à-dire un composé impliqué dans une réaction chimique produisant un ou plusieurs autres composés ; elle joue un rôle central dans la vision, en particulier dans l'adaptation de l'œil à l'obscurité. La vitamine A agit également sur la cornée, qu'elle contribue à préserver.

Donc, manger des carottes ne donne pas bonne vue, ni ne corrige la vision : à doses raisonnables, les carottes, comme d'ailleurs d'autres végétaux de couleur orange qui contiennent du bêta-carotène, protègent les yeux, en particulier de la cataracte ou de dégénérescence, mais n'améliorent pas la vision à proprement parler.

ON PEUT ÊTRE DÉPENDANT DE LA CAFÉINE

Consommer de façon excessive du café, donc de la caféine, a la réputation de créer une dépendance physique, qui peut être dangereuse.

Il est vrai que la caféine est un stimulant des systèmes cardio-vasculaire et nerveux. La caféine augmente l'attention et la vigilance. Mais le revers de la médaille concernant la caféine, c'est qu'elle favorise également l'anxiété, la nervosité et qu'elle rend certains individus plus irritables.

Pour savoir si l'on peut devenir dépendant de la caféine, il faut d'abord comprendre comment se manifeste la dépendance à une substance, appelée en langage médical « pharmacodépendance ». C'est le résultat de la consommation excessive et irrépressible d'une substance nocive tels les stupéfiants. Les grands buveurs de café ne sont pas des êtres pharmacodépendants. En effet, les doses de caféine qu'ils ingèrent ne mettent pas à contribution les mêmes circuits cérébraux que ceux qu'une drogue est susceptible de mobiliser.

La caféine n'est pas dangereuse, à moins d'en abuser vraiment jusqu'à provoquer une intoxication. Certaines personnes qui boivent beaucoup de café peuvent parfois ressentir des maux de tête lorsqu'elles arrêtent brutalement d'en boire. Et la plupart des symptômes liés à l'absorption de caféine que l'on prend pour de la dépendance sont d'origine psychologique, puisque liés en réalité à l'anticipation des effets éventuels de la caféine sur l'organisme.

ISAAC NEWTON DÉCOUVRIT LA GRAVITATION UNIVERSELLE APRÈS QU'UNE POMME LUI FUT TOMBÉE SUR LA TÊTE

La pomme tombée sur la tête d'Isaac Newton est aussi fameuse que le bain d'Archimède.

La légende veut en effet qu'en faisant la sieste sous un pommier, Isaac Newton ait été réveillé par la chute d'une pomme qui lui révéla la loi de la gravitation universelle.

Cette légende a d'ailleurs donné lieu à de géniales représentations du savant anglais par le dessinateur humoristique Marcel Gotlib, qui a fait d'Isaac Newton un personnage récurrent, se prenant toutes sortes de projectiles sur la tête, comme des pélicans, des paresseux, ou même des petits-suisses, mais aussi, bien sûr, des pommes.

Mais cette légende n'a jamais été confirmée : tout au plus, Isaac Newton eut le loisir d'observer des chutes de pommes lors de promenades nocturnes dans son verger. En voyant ces pommes chuter dans la clarté lunaire, Newton s'interrogea sur la raison pour laquelle la lune, elle, ne tombait pas, à la différence des fruits. La réponse lui vint comme une évidence : la lune tombe, mais est retenue sur son orbite par un phénomène, la gravitation.

Il faut reconnaître qu'il ne lui fallut que quelques instants pour découvrir cette loi universelle, qui fut ensuite convertie sous forme d'équations mathématiques.

MANGER DES ÉPINARDS REND PLUS FORT

On y croit dur comme fer aux épinards qui rendent plus fort… Probablement en partie sous l'influence de Popeye, qui avale d'une traite des boîtes d'épinards, ce qui lui permet ensuite d'anéantir Brutus avec des biceps en béton. En somme, les épinards sont à Popeye ce que les radiations du soleil sont à Superman ou la potion magique à Astérix…

Les épinards ont donc la réputation d'être extrêmement riches en fer, substance indispensable au bon fonctionnement de notre organisme. Les épinards contiennent en effet du fer, mais beaucoup moins que les lentilles, par exemple, ou les œufs, et surtout la viande rouge et le boudin noir. Ainsi, 100 grammes de feuilles d'épinard frais contiennent moins de 3 milligrammes de fer, alors que l'on trouve 9 milligrammes de fer dans les lentilles ou 20 milligrammes dans le boudin noir.

Cette richesse en fer totalement usurpée serait le fruit d'une erreur de retranscription de la teneur en fer contenu dans les épinards : cette bourde fut commise en 1870 par un biochimiste allemand qui indiqua 27 milligrammes de fer au lieu de

2,7 milligrammes dans 100 grammes de feuilles d'épinard. Ce n'est qu'en 1937 que l'erreur fut enfin corrigée par des chimistes allemands. Mais le fait de corriger l'erreur ne changea rien à la chose : la fausse réputation des épinards riches en fer était faite !

LE COCA-COLA ATTAQUE L'ESTOMAC

Le Coca-Cola est une sorte de boisson diabolique, dont l'acidité permet d'ôter les taches de rouille sur des outils ou des clés, par exemple, et mieux que n'importe quel produit antirouille particulièrement toxique.

Cette acidité légendaire et prouvée fait dire à certains que si le Coca-Cola attaque le métal ou fait disparaître des morceaux de viande en les dissolvant, alors le soda maléfique attaque de la même manière l'estomac, qu'il ronge, tout comme l'émail des dents d'ailleurs.

Mais il faut savoir que l'acidité qui règne dans l'estomac est bien supérieure à celle du Coca-Cola : les sucs gastriques qui contribuent au processus de digestion des aliments sont à cet égard plus acides que le Coca-Cola : les pH respectifs sont de 2 et 2,5/3.

Pour que le Coca-Cola attaque vraiment la muqueuse gastrique ou l'émail des dents, il faudrait que celles-ci baignent dans le soda pendant plusieurs jours.

ON PEUT FABRIQUER DU POP-CORN EN PLAÇANT DES GRAINS DE MAÏS ENTRE QUATRE TÉLÉPHONES PORTABLES

Se fabriquer du pop-corn en plaçant des grains de maïs entre quatre téléphones portables, c'est certainement un rêve pour les amateurs de pop-corn et un cauchemar absolu pour ceux qui doutent de l'innocuité pour la santé humaine des ondes émises par les téléphones portables.

Que tout le monde garde son calme : ce n'est pas possible. Même si une vidéo diffusée sur Internet l'a montré.

Cette vidéo est un montage. Tous ceux qui ont essayé de reproduire l'expérience ont lamentablement échoué : la chaleur provoquée par les ondes du téléphone est infime et bien insuffisante pour faire exploser les grains de maïs.

ON PEUT FAIRE DU FEU EN FROTTANT DEUX SILEX L'UN CONTRE L'AUTRE

L'image des hommes préhistoriques qui allumaient un feu en frottant deux silex l'un contre l'autre est à remiser au rayon des erreurs majeures.

Non pour des raisons historiques, mais bien pour des raisons scientifiques : frotter deux silex l'un contre l'autre est sans doute distrayant et produit de jolies étincelles, mais demeure sans efficacité si l'on souhaite allumer un bon feu. Certes, en frottant deux silex, on obtient des étincelles, mais celles-ci ne peuvent en aucun cas embraser quoi que ce soit :

il s'agit d'étincelles qualifiées de « froides » qui sont particulièrement instables et ne jaillissent pas.

La seule façon d'allumer du feu avec un silex est de le frotter contre une autre pierre qui ne soit pas un silex, mais qui contienne du sulfure de fer : c'est le cas de la pyrite ou de la marcassite. Les étincelles ainsi obtenues seront chaudes et pourront embraser des morceaux de bois placés à proximité, dans un récipient ou sur un support approprié.

Reste ensuite à faire preuve de dextérité ou de patience, et à avoir quelque chose de bien inflammable sous la main, pour que le feu puisse prendre.

ANTOINE PARMENTIER A INTRODUIT LA POMME DE TERRE EN FRANCE

La pomme de terre, familièrement appelée « patate », est un tubercule comestible de la famille des solanacées, cultivé aujourd'hui un peu partout dans le monde, et sous toutes les latitudes. C'est un aliment de base, consommé et accommodé de multiples manières, qui dispose de nombreux atouts et qualités sur le plan nutritif.

On considère que c'est Antoine Parmentier, né en 1737, qui a introduit ce précieux tubercule en France, mais c'est une erreur.

En réalité, les premières pommes de terre, appelées « truffoles », furent cultivées en Ardèche au cours du XVIe siècle : c'est là qu'officiellement Olivier de Serres, agronome autodidacte, en cultiva en 1600. Puis la culture de la pomme de terre se pratiqua en Franche-Comté, en Bourgogne et dans le Dauphiné, d'abord pour nourrir les animaux. Autrement dit, la pomme de terre fut introduite en France dès le XVIe siècle, alors qu'Antoine Parmentier n'était même pas né !

Il est vrai que la population française se montrait méfiante vis-à-vis d'un tubercule issu d'une famille de plantes hautement toxiques, telle la mandragore. Si la pomme de terre était donc connue en France en 1737, année de la naissance d'Antoine Parmentier, il fallut toutefois attendre plusieurs années avant que la population se mette réellement à en consommer.

C'est au cours de sa captivité en Allemagne, vers 1760, que Parmentier commença à s'intéresser à la pomme de terre. À partir de 1770, et jusqu'en 1781, il publia quelques études montrant l'intérêt économique et nutritionnel de la pomme de terre, afin d'en généraliser la culture en France.

Pour parvenir à ses fins et convaincre la population, il offrit d'abord des plants au roi Louis XVI, puis en planta dans un champ de deux hectares situé plaine des Sablons : il fit tout d'abord poster des gardes de nuit autour de la parcelle, puis la laissa libre d'accès. Ceux qui vinrent dérober le précieux tubercule jusqu'alors gardé le goûtèrent et se rendirent compte qu'il n'était ni mauvais ni toxique. Cette initiative favorisa la généralisation de la culture de la pomme de terre en France.

MANGER CHAUD RÉCHAUFFE, PARTICULIÈREMENT PENDANT L'HIVER

Il est souvent recommandé de manger un bon plat chaud lorsqu'il fait bien froid, histoire de se réchauffer tout le corps.

Mais cela n'est pas exact : manger chaud ne réchauffe pas durablement l'organisme. C'est une question d'apport énergétique et donc de calories, ou plus exactement de joules (l'unité de mesure consacrée aujourd'hui). En fait, les aliments chauds n'apportent pas plus d'énergie que les aliments froids.

En d'autres termes, c'est l'apport en énergie des nutriments contenus dans les aliments qui est déterminant et pas la température ou l'énergie thermique des aliments consommés. Cela signifie que l'énergie thermique des aliments chauds apporte moins de calories (ou de joules) que les nutriments présents dans les aliments ingérés.

C'est donc le contenu énergétique des aliments qui est primordial et pas la température à laquelle ils sont consommés. Cela étant, un couscous ou un pot-au-feu sera bien plus agréable à déguster chaud que froid !

QUI DORT DÎNE

Avec ce dicton, certains trouvent un prétexte pour aller se coucher ou envoyer les enfants au lit sans prendre le temps de dîner. Ils sont ainsi persuadés que le simple fait de dormir peut faire oublier la sensation de faim.

Ils commettent à cet égard une grave erreur, qui n'est d'ailleurs pas sans conséquence ni danger pour les organismes les plus fragiles.

Il est recommandé de dîner avant d'aller se coucher, car, pendant le sommeil nocturne, la dépense en énergie de notre corps est loin d'être nulle : le cerveau, pour tourner à plein, doit être alimenté en glucides, y compris pendant les phases de sommeil.

Aller se coucher avec l'estomac vide rend l'endormissement plus difficile, voire impossible dans certains cas ; pis encore, certaines personnes à jeun ont fait des malaises hypoglycémiques nocturnes.

Cette idée reçue provient d'une mauvaise interprétation d'un dicton du XVIIIe siècle : à l'origine, il s'agissait de prévenir les clients des auberges qu'il était obligatoire de dîner sur place pour pouvoir louer une chambre pour la nuit.

ON PEUT S'EMPOISONNER EN MÂCHONNANT LA MINE D'UN CRAYON À PAPIER

C'est le plomb contenu dans la mine du crayon à papier qui serait à l'origine de cette croyance assez répandue.

Pourtant mâchonner ou suçoter la mine d'un crayon de papier n'est pas si courant, mais si jamais cela arrivait, il faut savoir qu'il n'y a aucun danger d'empoisonnement au plomb, pour la bonne et simple raison qu'il n'y a pas de plomb dans la mine du crayon.

Le crayon de papier, appelé aussi « crayon de bois », « crayon gris » ou encore « crayon de mine » dans certaines régions françaises, et justement « crayon de plomb » au Canada, est fabriqué à base de graphite et non de plomb. Le graphite est un minéral noir composé d'atomes de carbone.

Cette erreur vient probablement du fait que la substance avec laquelle étaient fabriqués ces crayons au XVIIe siècle était appelée plombagine, parce qu'elle ressemblait au plomb, alors qu'il s'agissait bel et bien de graphite.

BELLES PLANTES

CLÉOPÂTRE ÉTAIT ÉGYPTIENNE

Cléopâtre fut la dernière reine d'Égypte : son règne dura de 51 à 30 avant J.-C. Connue pour sa liaison avec Jules César, ainsi qu'avec le général Marc Antoine, admirée pour sa beauté hors du commun, qui en a fait fantasmer plus d'un – Blaise Pascal compris, qui affirma d'ailleurs que « le nez de Cléopâtre : s'il eût été plus court, toute la face du monde aurait changé » –, Cléopâtre s'est suicidée en plongeant la main dans un panier de figues qui contenait également deux serpents au venin mortel.

La fameuse reine a assurément marqué l'histoire de l'Égypte et de l'humanité. Cléopâtre, bien qu'ayant régné sur l'Égypte, n'était pas cent pour cent égyptienne : elle était en effet d'origine grecque, puisque descendante de Ptolémée, général d'Alexandre le Grand.

« JE ME LA PAIERAIS BIEN » A RAPPORT AVEC LA PROSTITUTION

Contrairement à ce qu'elle sous-entend, l'expression « je me la paierais bien », très familière, ne trouve pas ses origines dans la prostitution.

En fait, c'est d'amour courtois qu'il était question lorsque cette expression est née, au Moyen Âge :

du temps des chevaliers, le fait d'arriver à toucher la chevelure de sa dulcinée était un acte fort, une manifestation presque déplacée de l'amour qu'on éprouvait pour une femme. Il n'était donc absolument pas question d'argent, mais bel et bien de coiffure, et plus exactement de peigne.

C'est ainsi qu'à l'origine, après avoir touché les cheveux de sa belle, le chevalier amoureux n'osait espérer pouvoir la peigner. L'expression « je la peignerais bien » a été trivialement déformée au fil du temps pour devenir le bassement connoté « je me la paierais bien », beaucoup moins chaste et romantique.

L'HOMÉOPATHIE EST UNE MÉDECINE PAR LES PLANTES

L'homéopathie est une médecine non conventionnelle, qui n'est d'ailleurs pas aussi récente qu'on pourrait le penser puisqu'elle a été mise au point par un médecin allemand, le docteur Hahnemann, pendant la première moitié du XIXe siècle. L'homéopathie repose sur trois principes de base : la personnalisation, la similitude et la dilution.

La personnalisation consiste à adapter le traitement à la personne qui le reçoit.

La similitude est au cœur de l'approche homéopathique : il s'agit en effet d'administrer au patient une dose, infime, de la substance responsable de la maladie. Ce principe de similitude se traduit par « les semblables soignent les semblables » ou « le mal guérit le mal ».

La dilution consiste bien évidemment à diluer hautement chaque substance, pour éviter qu'elle ne soit dangereuse pour l'organisme et n'accentue la maladie à soigner.

Du coup, les petits granules homéopathiques que tout le monde connaît ne sont pas toujours à base de plantes ; ils peuvent contenir des minéraux, des extraits d'animaux (cœur et foie de canard, par exemple) et des ingrédients plus surprenants (cartilage, venin de serpent, etc.).

L'homéopathie n'est donc en aucune façon une médecine par les plantes, comme l'est la phytothérapie.

LA MARGUERITE EST UNE FLEUR

La marguerite a tout d'une fleur avec son cœur jaune vif et sa jolie corolle de pétales blancs. Mais les botanistes avertis le savent bien : la marguerite n'est pas une fleur, mais plusieurs fleurs.

En se munissant d'une loupe, on peut constater que le cœur de la marguerite est en réalité constitué d'une multitude de toutes petites fleurs jaunes de forme tubulaire. Ces minuscules fleurs jaunes sont entourées de ce que l'on croit être des pétales blancs, mais qui sont également des fleurs comptant chacune cinq pétales soudés entre eux.

LA MOUSSE QUI POUSSE SUR LES ARBRES INDIQUE LE NORD

Ceux qui se sont déjà perdus dans la forêt et avaient malencontreusement oublié leur boussole s'y sont fait prendre une fois, mais pas deux : ils ont cru pouvoir trouver le nord en regardant les troncs d'arbres garnis de mousse… Erreur ! La mousse sur les arbres n'indique pas systématiquement le nord ; certes, elle pousse mieux sur les parties les plus humides du tronc ou les moins exposées au soleil, donc plus souvent au nord, mais aussi à l'est ou à l'ouest. D'ailleurs, dans les lieux très humides, les troncs des arbres sont couverts de mousse : voilà de quoi y perdre le nord ! Mieux vaut donc ne pas oublier la carte ou la boussole pour les promenades en forêt ou, pourquoi pas, semer des petits cailloux pour retrouver son chemin…

LA TOMATE EST UN LÉGUME

On mange la tomate comme un légume, en sauce, farcie ou en salade, alors pourquoi diable serait-elle un fruit ?

Le fruit se définit comme le végétal qui remplace la fleur après sa fécondation et qui renferme les graines de la plante : ce qui est exactement le cas de la tomate comme de la pomme, de la courgette ou de la banane, toutes des fruits…

La tomate, du point de vue botanique, est donc un fruit, doté de la particularité d'être cuisiné et consommé la plupart du temps comme un légume.

LE PALMIER EST UN ARBRE

Le palmier ressemble à s'y méprendre à un arbre, avec sa jolie touffe de feuilles en haut de son tronc. C'est un vilain farceur car, d'un point de vue botanique, ce n'est pas un arbre, mais tout simplement une plante géante, appartenant à la grande famille des monocotylédones, dans laquelle on trouve notamment les orchidées, les céréales (le blé, le maïs ou l'orge, par exemple) et l'herbe des pelouses.

Ce que l'on prend pour un tronc en bois s'appelle le « stipe », c'est une grosse tige pleine de moelle, et les palmes ne sont en aucun cas des branches, mais un simple bouquet de feuilles terminales.

LA NECTARINE EST UN HYBRIDE DE LA PÊCHE ET DE LA PRUNE

La nectarine n'a rien à voir avec la prune : ces deux fruits délicieux à peau lisse et à gros noyau n'ont aucun lien de parenté.

La nectarine n'est pas le résultat d'une manipulation telle qu'une greffe de branche de prunier sur un pêcher. La nectarine est, en effet, le fruit d'une mutation naturelle du pêcher, et on peut d'ailleurs observer sur certains arbres des pêches et des nectarines !

L'homme n'y est donc pour rien du tout !

LE TOURNESOL SUIT LA COURSE DU SOLEIL

Le tournesol fait partie de ces fleurs un peu magiques, auxquelles on attribue l'étonnante faculté de suivre la course du soleil pendant la journée. D'ailleurs, si le tournesol s'appelle ainsi, c'est qu'il y a bien une raison !

En réalité, le tournesol est une plante héliotropique avant sa floraison, et non après. L'héliotropisme ou phototropisme est le phénomène par lequel une plante trouve l'orientation optimale par rapport à l'ensoleillement, ce qui permet à la photosynthèse de se dérouler dans les meilleures conditions possible.

C'est pendant sa phase de croissance, avant qu'il ne soit en fleur, que le tournesol va se tourner vers la lumière. Puis, dès le début de la floraison, la fleur va définitivement s'orienter dans la direction est-sud-est.

Mais pendant la journée, la fleur ne tourne pas sur elle-même : elle conserve l'orientation acquise lors de sa croissance.

LA REINE DU JEU D'ÉCHECS EST UNE FEMME

Puisque c'est une reine, il n'y a pas de raison pour qu'elle soit un homme !

Et pourtant, la reine, pièce particulièrement puissante du jeu d'échecs moderne, était bien un homme à l'origine.

Lorsque le jeu d'échecs fut importé en Europe et qu'il subit son « occidentalisation », les pièces furent adaptées et modifiées : en particulier, le vizir qui, par une transcription en vieux français, devint « fierge » ou « vierge », puis « reine » ou « dame ». Mais en aucun cas le vizir n'aurait pu être une femme : le vizir était l'éminence grise du roi en Orient.

La transformation du vizir en reine était finalement dans l'ordre des choses et correspondait aux valeurs de la société médiévale, qui vouait un culte à la Vierge et qui permettait à la reine d'exercer le pouvoir royal, parfois au même titre que son époux.

BIZARRE, BIZARRE,
VOUS AVEZ DIT BIZARRE...

GMT EST L'ACRONYME DE « GREENWICH MERIDIAN TIME »

L'heure de référence dans le monde entier est celle calculée à l'observatoire astronomique de Greenwich, à quelques kilomètres de Londres, en Angleterre. Le fuseau horaire de référence est celui de Greenwich. À l'intérieur d'un fuseau, l'heure est la même partout : les vingt-quatre fuseaux horaires correspondent aux vingt-quatre heures d'une journée.

Le méridien de Greenwich est par ailleurs, depuis 1884, le méridien qui sert de référence, de méridien « zéro » pour la mesure de toutes les longitudes de la planète. Le globe compte trois cent soixante méridiens principaux.

Ce rôle de Greenwich dans la mesure de l'heure de référence d'une part, de celle de la longitude d'autre part, est probablement à l'origine de la confusion, puisque l'on croit, à tort, que GMT est l'acronyme de « Greenwich Meridian Time ».

En réalité, GMT signifie « Greenwich Mean Time », soit « temps moyen de Greenwich ».

LE LAIT EST BON POUR LES CHATS

S'il est une idée reçue tenace, c'est bien celle-ci : les chats raffolent du lait et il faut leur en donner, parce que c'est bon pour eux.

En réalité, les chats n'apprécient pas systématiquement le lait qu'on leur verse dans leur gamelle et, plus encore, le lait n'est pas bon pour leur santé. Quitte à leur donner à boire, mieux vaut leur proposer de l'eau, qu'ils absorbent d'ailleurs généralement en petite quantité. Le lait est un aliment, et pas une boisson. Si on tient vraiment à faire ingurgiter du lait à minou, il est indispensable de lui donner du lait spécialement étudié pour les chats, en lieu et place du lait de vache.

Il se trouve en effet que les chats, une fois sevrés, ne peuvent plus digérer le lactose. Le lactose contenu dans le lait de vache est susceptible de provoquer des troubles digestifs graves chez les chats.

GOLF SIGNIFIE « GENTLEMEN ONLY, LADIES FORBIDDEN »

Le mot « golf » a une étymologie assez floue, au point qu'on ait cru pendant longtemps, et qu'on soit d'ailleurs encore assez nombreux à croire, qu'il signifiait « Gentlemen Only Ladies Forbidden », soit littéralement : « Hommes seulement femmes interdites ».

Cet acronyme sexiste et faux aurait pour origine le fait qu'à ses débuts, le golf était essentiellement pratiqué par les hommes. D'ailleurs, il existe aujourd'hui encore quelques parcours interdits aux femmes aux États-Unis et en Grande-Bretagne.

Mais il n'en demeure pas moins que l'on ne sait pas trop d'où vient le mot « golf ». Il est probablement originaire des Pays-Bas, où l'on pratiquait un jeu appelé « colf », avec une balle et des cannes qui ressemblaient aux clubs actuels. Le jeu fut exporté en Écosse par les Hollandais vers le XVIe siècle, où il prit d'abord les noms de « gouff » ou « golf ». Le terme « golf » fut ensuite préféré à « gouff », lorsque le jeu commença à s'implanter et se développer en Écosse.

LA « MAILLE » D'« AVOIR MAILLE À PARTIR » DÉSIGNE LE TRICOT

Lorsqu'on a maille à partir avec quelqu'un, ce n'est pas bon signe : cela veut dire qu'on a un différend avec cette personne. Bien entendu, ce différend est plus ou moins grave et important, et donc plus ou moins simple à régler... si on souhaite le régler.

La « maille » de cette expression n'a rien à voir avec le tricot et les lainages divers (et d'hiver aussi, d'ailleurs !).

C'est au Moyen Âge que cette expression fit son apparition, d'abord sous la forme « avoir maille à départir ». À cette époque, « départir » signifiait « partager ». Et la maille n'était autre qu'une pièce de monnaie représentant une toute petite somme équivalant à un demi-denier. Le denier valait, quant à lui, un douzième de sol et un deux cent quarantième de livre tournois. Autant dire que la maille ne valait… presque rien !

La pièce de monnaie minuscule était donc difficilement partageable entre deux personnes, d'où les éventuelles querelles, naissant de la quasi-impossibilité de répartir une somme aussi dérisoire entre deux individus.

L'expression a pris sa forme actuelle au milieu du XVIIe siècle pour devenir « avoir maille à partir ».

SOS SIGNIFIE « SAVE OUR SOULS »

Tout le monde, ou presque, connaît l'histoire du *Titanic* et de son déchirant appel de détresse, lancé par radio le 14 avril 1912, après que le navire eut heurté un iceberg.

Cet appel radiotélégraphique, d'ailleurs faussement considéré comme le premier du genre, composé de trois points, suivis de trois traits, puis à nouveau de trois points, serait ainsi la forme abrégée de « Save Our Souls », soit littéralement : « Sauvez nos âmes ».

Cette demande d'assistance immédiate est utilisée en code Morse depuis le 3 novembre 1906.

En 1904, la société Marconi, qui détenait le monopole des transmissions radiotélégraphiques, imposa les signaux « CQ », qui annonçait un message très important, et « CQD », qui signifiait l'arrêt des émissions et le passage sur écoute de toute urgence.

« CQD » fut d'ailleurs déjà faussement interprété comme l'acronyme de « Come Quick Down »

(« Venez vite, nous coulons ») ou « Come Quick Danger » (« Venez vite, je suis en danger ! »).

Deux ans plus tard, le 3 octobre 1906, la Commission internationale de Berlin sur les transmissions radio décida de changer le signal de détresse « CQD », trop peu reconnaissable, et surtout trop proche du signal « CQ », qui ne servait qu'à attirer l'attention des télégraphistes sans réellement les mettre en situation d'alerte. La marine allemande utilisait « EOE », soit un point, trois traits, un point ; le « E » fut remplacé par un « S », qui compte trois points. Le SOS était officiellement adopté, même si les Britanniques ne l'employèrent qu'après le naufrage du *Titanic*.

Le premier SOS répertorié fut celui envoyé le 10 juin 1909 par un paquebot échoué aux Açores.

SOS ne représente rien d'autre qu'un signal de détresse et n'est pas l'acronyme de quoi que ce soit, puisqu'il est envoyé non sous forme de lettres bien distinctes, mais sous forme de signaux.

LES SAINTS SE FÊTENT LE JOUR MÊME

Si l'usage le plus répandu est de souhaiter la fête de quelqu'un le jour même, il serait en réalité plus proche de la tradition liturgique catholique de la souhaiter la veille.

Pourquoi la veille ?

Parce que les fêtes importantes, dans la liturgie catholique, commencent la veille par les « premières vêpres ». Celles-ci consistent en un office chanté, la veille au soir, dans les lieux de culte catholique ainsi que dans les monastères. Cette coutume a d'ailleurs été empruntée aux juifs, pour qui les jours allaient du soir au soir.

Tous les grands évènements religieux sont célébrés dès la veille au soir : Noël, Pâques, la Pentecôte, l'Assomption et les « grands » saints.

La liturgie catholique ne célèbre pas les saints « ordinaires » dès la veille au soir, mais dans de nombreuses régions françaises la tradition est de souhaiter sa fête à la personne concernée la veille, et non le jour même.

LES ITALIENS APPELLENT LEUR ÉQUIPE DE FOOTBALL LA SQUADRA AZZURA

Par un fait étrange, le maillot de l'équipe nationale de football d'Italie est bleu, alors que le drapeau transalpin est vert, blanc et rouge.

Ce maillot fut blanc jusqu'en 1911. Lors d'un match contre la Hongrie, les joueurs italiens revêtirent un maillot bleu, en l'honneur de la famille royale italienne, issue de la maison de Savoie, dont la couleur officielle était précisément le bleu. C'est donc depuis 1911 que les joueurs italiens officient en maillot bleu, justifiant pleinement le surnom donné à l'équipe de Squadra azzura.

Mais ce fameux surnom n'a été donné à l'équipe d'Italie que lors de la Coupe du monde de football de 1938 par des journalistes français : ce sont les Français qui surnomment ainsi l'équipe nationale italienne, car, en Italie, l'équipe est appelée la

Nazionale et les joueurs « gli Azzuri », soit littéralement « les bleus ».

LES CORDES DE VIOLON SONT EN BOYAU DE CHAT

Pour obtenir de cordes bien vibrantes de violon, quoi de plus simple ?

Prenez un chat, éviscérez-le, conservez son intestin grêle et son colon, faites-les sécher et, si besoin est, gainez-les d'un filetage de cuivre ou d'argent.

Fort heureusement pour nos félins préférés, ce n'est pas du boyau de chat qui est utilisé pour fabriquer les cordes des violons, mais de l'intestin grêle de mouton.

C'est probablement le terme anglais *catgut* qui est à l'origine de cette cruelle méprise : le catgut est un fil de suture utilisé en chirurgie, qui fut peut-être fabriqué avec du boyau de chat, mais qui est aujourd'hui issu de boyau de vache ou de chèvre.

LES PANDAS GÉANTS SONT EXCLUSIVEMENT VÉGÉTARIENS

Le panda géant, sorte de gros ours noir et blanc, devenu le symbole du World Wide Fund for Nature (WWF), est un animal aussi magnifique que fascinant, mais malheureusement en voie de disparition.

L'image que l'on a en tête, c'est celle du panda géant assis bien tranquillement et grignotant une tige de bambou. Il est exact que le panda géant passe une bonne partie de sa journée à se nourrir de bambou, régime alimentaire pour le moins spécifique et étroitement lié à son habitat naturel situé dans les hautes montagnes.

Cela n'en fait pas pour autant un animal cent pour cent végétarien ; son système digestif est d'ailleurs caractéristique de celui des carnivores. Les ancêtres du panda géant étaient carnivores, et petit à petit l'animal est devenu omnivore : aujourd'hui, le panda géant se nourrit principalement de bambou, mais pas exclusivement, puisque, parfois, il mange un peu de viande (carcasses d'animaux ou petits rongeurs), voire du poisson.

LES CHATS RETOMBENT TOUJOURS SUR LEURS PATTES

Les chats ont un sens de l'équilibre qu'on leur envie, ils sont réputés retomber sur leurs pattes lorsqu'ils chutent, quoi qu'il arrive.

Il est vrai que leur sens de l'équilibre leur permet de relever la tête assez haut dès qu'ils tombent. Une fois la tête relevée, le reste de leur corps se redresse, et les pattes pointent alors vers la bonne direction, c'est-à-dire vers le bas. Et tout au long de sa chute, le minet se positionne de façon à ne pas se blesser.

Mais pour faire tout cela, il lui faut du temps, donc tomber d'une hauteur suffisante. Pour pouvoir faire jouer son sens de l'équilibre à plein et effectivement retomber sur ses pattes, la hauteur de sa chute doit être supérieure à un mètre cinquante, mais ne doit pas dépasser trois mètres environ. S'il choit de plus de 3 mètres, il risque de se faire très mal en touchant le sol.

LES NOMS PROPRES N'ONT PAS D'ORTHOGRAPHE

Les noms patronymiques ont la réputation de n'avoir aucune orthographe. La graphie des noms patronymiques, et d'ailleurs de tous les autres noms propres, semble n'obéir à aucune règle particulière, ce qui pourrait ainsi laisser croire que les noms propres n'ont, en effet, pas d'orthographe.

Tant est si bien qu'il est difficile de comprendre pourquoi, par exemple, il y a autant de noms patronymiques proches écrits si différemment : ce sont souvent des erreurs de retranscription dans les registres ou des différences de patois ou de langue d'une région à l'autre qui peuvent aujourd'hui expliquer les homonymies ou les noms dérivés.

Mais il est réducteur de penser que les noms patronymiques n'ont pas d'orthographe pour autant ; d'ailleurs, l'état civil est le garant de la bonne transmission et de la bonne graphie des noms. Sinon, il serait beaucoup plus aisé de changer de nom, et on pourrait le faire à sa guise, ce qui est loin d'être le cas.

C'EST GRAVE, DOCTEUR ?

LE PATIENT DU MÉDECIN S'APPELLE AINSI PARCE QU'IL PATIENTE DANS LA SALLE D'ATTENTE

La salle d'attente du médecin est parfois pleine à craquer et, quelle que soit l'affluence, c'est de toutes les façons le passage obligé pour celui qui va consulter ou recevoir des soins.

Et toutes les personnes qui sont dans les salles d'attente médicales sont aussi appelées des « patients »... Ce qui est loin d'être illogique, puisqu'elles attendent... En fait, ce n'est pas une question de logique, mais d'étymologie !

Le « patient » désigne non pas « celui qui patiente », même si c'est parfois le cas, mais « celui qui souffre » ou « celui qui endure ». C'est en effet du latin « patiens », participe passé du verbe « deponent pati », que vient le terme « patient ».

« CÉSARIENNE » VIENT DE JULES CÉSAR

Un raccourci un peu hâtif fait un lien direct entre la césarienne, opération chirurgicale pratiquée sur certaines femmes pour leur accouchement, et Jules César, l'empereur romain. La césarienne aurait donc été baptisée ainsi parce que Jules César serait né grâce à cette opération.

Il faut savoir que cette opération était, en effet, réalisée dans l'Antiquité, mais sur des femmes mortes pendant leur accouchement, pour tenter de sauver le bébé. Aucune femme n'aurait survécu à l'opération telle que pratiquée par les médecins de cette époque.

Or la mère de Jules César n'est pas morte en couches. Le futur empereur n'est donc pas, en toute probabilité, né par césarienne.

Le terme « césarienne » est en réalité issu du latin « caedere » qui signifie « couper ».

LE FOIE GRAS A LA CIRRHOSE

La cirrhose du foie est une maladie chronique grave et irréversible qui se caractérise par des lésions de différents types sur le foie, organe essentiel jouant un rôle dans le métabolisme des glucides et des lipides, ainsi que dans celui des protéines du sang. Le foie a également des fonctions antitoxiques importantes pour l'organisme.

La cirrhose est principalement causée par la consommation excessive d'alcool ou les hépatites virales. Elle peut également apparaître suite à l'absorption de certains médicaments ou à un déficit enzymatique.

Les foies cirrhotiques possèdent certaines caractéristiques particulières : ils sont soit trop gros, soit trop petits, sont plus fermes qu'un foie non atteint, et sont constellés de nodules qui leur donnent un aspect grumeleux. Rien à voir avec un foie non atteint, qui, lui, est bien rouge, lisse et brillant.

Peut-être à revoir…

Pourtant, de nombreux opposants au gavage et au foie gras sont persuadés que le gavage provoque la cirrhose chez les canards ou les oies, ce qui expliquerait la couleur et la taille du foie des palmipèdes.

En réalité, le foie des canards et des oies est le lieu où est stockée la graisse : lorsqu'un apport de nourriture en grande quantité est opéré, comme lors du gavage de l'animal, les graisses sont stockées dans le foie, sans que l'animal souffre de cirrhose. Le foie ainsi transformé est qualifié de « stéatosique ».

D'ailleurs, si on stoppait le gavage et si l'animal était mis au régime sec, son foie reprendrait son aspect normal… Ce qui n'est, malheureusement, jamais le cas, puisqu'une fois gavés, les bestiaux sont occis.

Mais en tout état de cause, ils ne trépassent pas avec un foie cirrhotique provoqué par le gavage.

UNE CURE DE VITAMINE C PRÉVIENT L'APPARITION DU RHUME ET DE LA GRIPPE

Dès que l'hiver se pointe à l'horizon, nombreux sont ceux qui dégainent leur vitamine C et se lancent ou obligent leurs proches à se lancer, dans une cure préventive, pour éviter d'attraper les maladies de l'hiver, comme le rhume ou la grippe.

Sauf que la vitamine C, même en cure intensive, n'a rien d'un remède préventif miracle.

La vitamine C, appelée scientifiquement acide ascorbique, est indispensable pour le bon fonctionnement du corps humain. Une de ses particularités est de ne pas être synthétisée par l'organisme humain, alors que la plupart des animaux en produisent naturellement. Tout comme les primates ou les cochons d'Inde, l'homme au fil de son évolution a perdu cette capacité.

La vitamine C joue un rôle essentiel dans la production par le corps humain de collagène et protège de l'oxydation certaines substances vitales pour l'organisme (vitamines A et E et acides gras). Une forte carence en vitamine C conduit au scorbut, maladie grave, mais rare de nos jours. Mais ce n'est pas parce que notre organisme ne produit pas de vitamine C qu'il faut pour autant s'en gaver, en particulier pour prévenir la survenue de rhumes, grippes et autres tracas de santé hivernaux. La vitamine C présente dans certains aliments suffit largement à couvrir nos besoins : il faut en absorber 60 à 90 milligrammes quotidiennement.

Il est absolument vain de penser qu'une cure de vitamine C peut empêcher certaines maladies de se développer : il a tout au plus été prouvé que de fortes doses peuvent diminuer, dans certains cas, la sévérité des symptômes, et encore…

Non seulement une absorption prolongée et à haute dose est inutile, mais elle peut être dangereuse pour l'organisme, provoquant des diarrhées, des allergies ou même une décalcification osseuse.

ON PEUT CONTRACTER UN RHUME OU UNE PNEUMONIE À CAUSE D'UN COURANT D'AIR OU D'UN CHANGEMENT BRUSQUE DE TEMPÉRATURE

Nombreuses sont les personnes qui attribuent l'origine de leur rhume ou de leur pneumonie au fait d'être restées dans les courants d'air trop longtemps ou à une chute brutale de la température.

Il n'y a en réalité pas de lien objectivement prouvé entre le froid extérieur ou les courants d'air et le développement d'un rhume ou d'une pneumonie.

Car leur origine est virale : autrement dit, si aucun virus ne traîne dans le coin froid où l'on a eu le malheur de séjourner, on n'attrapera rien du tout.

En revanche, ces virus particulièrement contagieux se transmettent très facilement d'un individu à l'autre. La seule solution pour s'en prémunir le plus possible est de se laver les mains régulièrement, surtout après avoir côtoyé de près des personnes contaminées par ces vilains virus ou avoir malencontreusement touché des objets leur appartenant.

S'ASSEOIR SUR DES SURFACES TROP CHAUDES OU TROP FROIDES PROVOQUE DES CRISES D'HÉMORROÏDES

Des malchanceux auraient eu des crises d'hémorroïdes après avoir posé leur séant sur des surfaces trop froides ou humides ou trop chaudes. Auquel cas, il serait finalement assez simple de les éviter !

Mais les crises d'hémorroïdes ont d'autres causes, beaucoup moins basiques que celles-ci. Elles correspondent à la dilatation des veines de l'anus ou du rectum. Elles sont le signe d'une dégradation des tissus qui contrôlent la défécation. Lors des crises d'hémorroïdes, les veines qui devraient cesser de se dilater restent malheureusement dilatées : mal placées, douloureuses, désagréables, ces crises n'ont vraiment rien pour plaire.

Les principales causes de ces crises ne sont absolument pas la température du lieu sur lequel on aura préalablement posé son derrière, mais plutôt la constipation, la grossesse et la perte de tonus des tissus avec l'âge.

Mieux vaut donc surveiller son alimentation et l'enrichir en fibres si l'on a tendance à être constipé, boire beaucoup, bien manger le matin, faire un peu d'exercice physique et ne pas rester assis trop longtemps… En tout état de cause, on peut s'asseoir sans crainte sur un coussin chauffant ou poser son séant dans l'herbe humide…

EH BIEN, DURAND, VOUS ATTENDEZ QUOI ?!! ENLEVEZ VOTRE PANTALON ET ASSEYEZ-VOUS DONC, QU'ON VOIE SI ÇA VOUS PROVOQUE DES HÉMORROÏDES !!!
EUUH... ET SI C'ÉTAIT GRUBERT QUI LE FAISAIT ?
EH OH ! MOI, J'AI DÉJÀ DONNÉ AVEC LES CHATS !!

PORTER UN BRACELET EN ACIER PERMET DE LUTTER CONTRE L'ARTHROSE

L'arthrose est une dégénérescence du cartilage articulaire. Cette dégénérescence a des répercussions fâcheuses et douloureuses sur l'ensemble de l'articulation.

L'arthrose touche plus particulièrement les articulations des hanches, des genoux et des doigts. Les déformations subies par les articulations sont irréversibles ; pourtant, on affirme qu'en portant un bracelet en acier, on peut lutter contre l'arthrose ou au moins empêcher l'usure de progresser sur l'articulation touchée. L'acier en contact avec la sueur provoquerait une réaction chimique qui permettrait au cartilage de se régénérer.

Tout ceci ne repose sur… absolument rien de concret, ni sérieux, ni de scientifiquement vérifié. À ce jour, il n'y a malheureusement pas grand-chose à faire contre l'arthrose une fois que le processus d'usure articulaire est en marche…

LES TACHES BLANCHES SUR LES ONGLES SONT LE SIGNE D'UN MANQUE DE CALCIUM

Les taches blanches sur les ongles sont le signe d'un manque de calcium ? Qui trouverait quelque chose à redire ?

Tout le monde devrait, car il n'existe aucun lien entre le calcium et les ongles. Les petites taches blanches qui apparaissent parfois sur les ongles sont le résultat de chocs, de traumatismes subis par l'ongle, ou sont liées à des défauts de constitution de l'ongle. Les ongles sont constitués d'une multitude de couches très fines de kératine collées les unes sur les autres ; il peut arriver que certaines couches ne soient pas bien collées entre elles, ce qui provoque alors un manque de transparence. Les ongles paraissent mouchetés de blanc.

Il n'y a rien d'autre à faire pour voir partir ces petites taches que d'attendre patiemment, et si possible sans se ronger les ongles, que ceux-ci poussent.

L'ULCÈRE À L'ESTOMAC EST CAUSÉ PAR LE STRESS

L'ulcère à l'estomac a pendant longtemps été classé parmi les maladies d'origine psychosomatique : autrement dit, un coup de stress et hop, on pouvait développer un ulcère en deux temps et trois mouvements. Pour éradiquer l'ulcère et ses maux d'estomac associés, les malades devaient manger moins épicé et… arrêter d'être stressés.

Pourtant, l'ulcère à l'estomac n'est pas créé par le stress, mais par une bactérie qui prolifère dans l'estomac et qui provoque des inflammations pour le moins douloureuses de la muqueuse gastrique.

Cette bactérie, qui a la particularité d'arriver à survivre dans un milieu particulièrement acide, porte le doux nom d'*Helicobacter pylori*. Elle a été découverte en 1982 par des chercheurs australiens, qui ont dû convaincre un monde médical et scientifique pourtant persuadé de l'origine exclusivement psychosomatique de l'ulcère à l'estomac.

Pour arriver à ses fins, l'un des chercheurs n'a pas hésité à servir de cobaye en ingérant la bactérie, qui lui provoqua un ulcère…

Cette bactérie est la seule capable de proliférer dans l'estomac humain. L'origine bactérienne de l'ulcère ne faisant plus aucun doute, celui-ci se soigne en prenant des antibiotiques.

Le stress n'est donc pas le facteur déclenchant de l'ulcère, mais il en est tout de même un facteur aggravant dans la mesure où il augmente la production d'acide de l'estomac, ce qui n'arrange rien lorsque les muqueuses sont déjà enflammées.

JE ME SUIS « DÉPLACÉ UNE VERTÈBRE »

Les personnes qui souffrent du dos invoquent parfois un déplacement de vertèbre comme cause de leur douleur.

En réalité, la très grande majorité des dorsalgies, c'est-à-dire des divers maux de dos, n'est fort heureusement pas d'origine osseuse, mais d'origine musculaire : les vertèbres sont en effet solidement articulées entre elles et ce sont les muscles avoisinants qui créent les douleurs dorsales, en se contractant trop longtemps et/ou trop brutalement.

Un vrai déplacement des vertèbres, quel qu'il soit, est nécessairement causé par un traumatisme grave et ne provoque pas une « simple » douleur dorsale, mais une paralysie de type paraplégie (paralysie des membres inférieurs) ou tétraplégie (paralysie des bras et des jambes).

FAIRE L'AMOUR PENDANT LA GROSSESSE PROVOQUE L'ACCOUCHEMENT

Plus qu'une idée reçue, l'affirmation selon laquelle les rapports sexuels pendant la grossesse favorisent l'accouchement est carrément devenue un truc de grand-mère, un conseil que l'on donne aux femmes arrivées à terme !

Parfois, les futures mamans arrivées au terme de leur grossesse ont hâte que celle-ci se termine ; il y a toujours quelqu'un pour proposer une solution radicale qui leur permettra d'accoucher vite fait bien fait ! Et cette solution, quand ce n'est pas le champagne (qui aide en fait à se détendre !), c'est… le sexe !

D'après ces « experts » en accouchement, ce sont les prostaglandines, hormones présentes en faible quantité dans le sperme, qui provoqueraient des contractions utérines. C'est d'ailleurs cette même prostaglandine qui est parfois administrée par le médecin pour faire débuter le travail.

Mais c'est faux : la prostaglandine émise lors des rapports sexuels l'est en quantité insuffisante pour déclencher à elle seule le travail.

D'ailleurs, les études réalisées sur ce sujet montrent que les femmes arrivées à terme et ayant eu des rapports sexuels ont accouché après celles qui n'en avaient pas.

Et plus généralement, sauf contre-indication médicale majeure, pendant toute la durée de la grossesse, les rapports sexuels ne sont pas interdits. Il ne manquerait plus que cela !

FAIRE CRAQUER SES ARTICULATIONS PROVOQUE DE L'ARTHROSE

Certains font craquer leurs articulations, notamment celles des doigts, volontairement ; pour d'autres, leurs articulations craquent toutes seules sans qu'ils puissent quoi que ce soit.

Le craquement, provoqué ou non, n'est produit ni par les cartilages ni par les os. Il est s'agit en réalité de l'explosion de petites bulles de gaz présentes dans la synovie, c'est-à-dire le liquide qui sert à lubrifier les articulations. La synovie contient en effet des gaz dissous (oxygène, azote et dioxyde de carbone en très grande majorité), et lorsque les os s'écartent la pression sur la synovie diminue, libérant des bulles qui grossissent et éclatent. D'où ce bruit, que certaines personnes supportent difficilement.

Si ce bruit est désagréable, cela ne rend pas le craquement dangereux. En tout état de cause, faire craquer ses articulations ne provoque pas d'arthrose ni d'arthrite, comme on l'entend souvent. En revanche, les ligaments peuvent être fragilisés à force de trop de craquements.

NAPOLÉON BONAPARTE METTAIT SA MAIN DANS SON GILET PARCE QU'IL AVAIT MAL AU VENTRE

La plupart des portraits officiels de l'empereur Napoléon Ier le représentent avec la main droite enfoncée dans son gilet.

Cette posture assez singulière a été hâtivement associée à de violentes douleurs à l'estomac et à l'abdomen, que Napoléon Bonaparte aurait calmées en posant fréquemment sa main sur son ventre.

Bien que l'état de santé de l'empereur laissât, en effet, à désirer, ce n'était pas pour des raisons médicales qu'il avait la main dans son gilet : en réalité, cette pose, prise d'ailleurs par de nombreuses célébrités sur leurs portraits, était le signe de reconnaissance et de communication des francs-maçons, la main cachée évoquant le « dieu caché ».

LE CHOCOLAT PROVOQUE LA MIGRAINE

Les ennemis du chocolat, et il y en a, prétendent que celui-ci provoque des crises de migraine : tout ça parce que le chocolat contient de la tyramine et de la phényléthylamine, deux substances susceptibles de déclencher des migraines.

Mais il faudrait que le chocolat contienne ces deux substances en beaucoup plus grande quantité pour qu'elles déclenchent des crises de migraine.

Les migraineux, comme les autres, peuvent continuer à manger tranquillement du chocolat, il ne leur arrivera rien de grave.

NOTRE CORPS EXPULSE EN SEPT ANS UN CHEWING-GUM AVALÉ

Combien d'enfants inconscients ont avalé leur chewing-gum en cour de récré ? Beaucoup !

Et combien d'enfants ont eu la peur de leur vie après avoir avalé leur chewing-gum, redoutant que celui-ci reste collé dans leur estomac pendant au moins sept ans, voire dix ans ? Ou plus encore ! Cela paraît difficile, il y a au moins autant d'enfants qui ont eu peur que d'enfants qui en ont avalé.

Pourtant, c'est totalement faux : la gomme avalée ne sera certes pas digérée, mais sera tout simplement éliminée au bout de quelques jours.

En clair, si avaler son chewing-gum n'est pas agréable, ce n'est en tout cas pas foncièrement dangereux, à moins d'en avaler une douzaine d'affilée, ce qui peut provoquer une occlusion intestinale, sans danger si elle est correctement soignée.

LA TÊTE DANS LES ÉTOILES

LE SOLEIL SE LÈVE À L'EST

Qui n'a pas appris à l'école que le soleil se lève à l'est et qu'il se couche à l'ouest ?

Puisque les leçons ont été apprises sur le bout des doigts, il ne fait aucun doute que le soleil se lève à l'est, pile poil.

En réalité, les levers de soleil dans la direction exacte de l'est géographique ne se produisent que deux fois par an, aux équinoxes de printemps et d'automne ; pendant les 363 autres jours de l'année (ou 364 si celle si est bissextile), le soleil se lève vers l'est, et ce avec un décalage parfois assez important sous nos latitudes.

Cela est étroitement lié à l'inclinaison de la Terre sur l'axe des pôles, d'ailleurs à l'origine des saisons.

L'INTENSITÉ DES TREMBLEMENTS DE TERRE EST MESURÉE PAR L'ÉCHELLE DE RICHTER

Les tremblements de terre peuvent provoquer de très graves dégâts et faire de nombreuses victimes selon leur force. D'ailleurs, l'intensité de ces séismes est mesurée sur une échelle qui donne une estimation des dommages provoqués ; contrairement à une idée très répandue, ce n'est pas l'échelle de Richter qui mesure l'intensité des tremblements de terre, mais l'échelle de Mercalli.

L'échelle de Mercalli, ou plus exactement « l'échelle de Mercalli modifiée », décrit l'ensemble des effets d'un tremblement de terre sur les êtres humains, les constructions et la nature (topographie, animaux, usines, immeubles, etc.).

Cette « échelle de Mercalli modifiée » comporte douze niveaux, le premier qualifiant un séisme très léger, quasiment pas ressenti, et le douzième qualifiant un séisme particulièrement intense, responsable de destructions et perturbations massives.

Quant à l'échelle de Richter, elle mesure la magnitude d'un séisme, c'est-à-dire l'énergie dégagée à l'épicentre de celui-ci. La magnitude d'un tremblement de terre peut être élevée et provoquer peu de dégâts. Elle peut aussi être faible, mais responsable de milliers de victimes.

ON PEUT ASSISTER À DES LEVERS DE TERRE DEPUIS LA LUNE

Tout le monde a forcément vu cette magnifique photographie montrant une demi-Terre bleutée sur fond noir, au dessus de la Lune ; cette photographie fut présentée comme un « lever de Terre », immortalisé depuis la Lune. Elle donna une dimension supplémentaire, pleine de poésie, à la conquête spatiale. Du coup, nombreux sont ceux qui croient à cette possibilité de « levers de Terre » auxquels on peut probablement assister depuis la Lune.

Le souci est que la Terre ne se lève pas sur la Lune, comme le fait le Soleil sur la Terre. Tout simplement parce qu'on voit toujours la même moitié de Terre depuis la Lune. Plus exactement, lorsqu'on est à peu près au centre du disque lunaire, on peut voir, n'importe quand, la Terre au zénith.

Encore un sacré mythe qui s'effondre, d'autant que cette photographie n'a pas été prise depuis la Lune, mais depuis la capsule en orbite de la mission Apollo 8.

Plus récemment, une sonde japonaise en orbite autour de la Lune a réalisé d'extraordinaires vidéos en haute résolution montrant la Terre s'élevant au-dessus de l'horizon lunaire. Là encore, ces vidéos ont été prises d'une sonde qui survolait la Lune à cent kilomètres d'altitude.

ON NE BRONZE PAS DERRIÈRE UNE VITRE

Attention ! « On ne bronze pas derrière une vitre » fait partie de ces assertions fausses auxquelles on croit pourtant dur comme fer.

Derrière une vitre, tout peut arriver : le bronzage, comme le coup de soleil. Le verre a l'avantage de laisser passer la lumière bien sûr, ainsi que les infrarouges. Et contrairement à une idée extrêmement répandue, le verre ne filtre pas la totalité des rayons ultraviolets.

Ce sont les rayons ultraviolets qui sont responsables du bronzage, voire des coups de soleil ; et les vitres ne parviennent pas à les bloquer entièrement, elles en laissent passer une fraction qui peut faire que l'on bronze ou que l'on brûle si l'on a la peau fragile et si l'on reste trop longtemps exposé.

LORSQU'ON SE TROUVE DANS L'ŒIL DU CYCLONE, ON N'EST PAS EMPORTÉ

L'œil du cyclone désigne la zone généralement centrale d'un cyclone tropical, zone au sein de laquelle les vents sont nettement moins violents et le temps nettement plus clément.

On pense souvent qu'il vaut mieux être dans l'œil du cyclone que dans le cyclone ou à sa périphérie. Le fait que le temps y soit plus clément laisse en effet imaginer que l'on ne sera pas emporté et que l'on s'en sortira mieux.

En fait, les conditions météorologiques plus « favorables » de l'œil cyclonique sont particulièrement trompeuses. C'est surtout en mer que l'œil du cyclone est extrêmement dangereux. La menace vient de vagues très hautes et de très grande amplitude, qui se créent depuis le mur de l'œil, où soufflent les vents violents, et pénètrent dans l'œil. Comme les vagues proviennent de toutes les directions, puisque créées dans le mur de l'œil, elles se rencontrent, ce qui provoque des crêtes gigantesques. Ces énormes vagues peuvent submerger un bateau.

Le calme apparent de l'œil du cyclone ne met donc pas à l'abri du danger, les marins en savent quelque chose.

LA PLEINE LUNE PROVOQUE DES INSOMNIES ET DES TROUBLES DU SOMMEIL

La Lune, surtout quand elle est pleine, est source de fantasmes et de croyances. On l'accuse d'être à l'origine de nombreux méfaits comme, par exemple, la multiplication des accouchements, l'affluence des patients dans les services d'urgences psychiatriques, l'augmentation des faits de délinquance, des actes violents ou encore les insomnies et les troubles du sommeil.

On ne sait pas trop comment cette croyance a pu naître, mais elle semble avoir encore de beaux jours devant elle, alors qu'elle est pourtant dénuée de tout fondement scientifique. À ce jour, aucune étude sérieuse sur l'insomnie et les troubles du sommeil n'a pu établir de lien entre ceux-ci et la pleine Lune, et pour cause : aucune étude de ce genre n'a été menée.

Il n'est pas impossible que le facteur psychologique entre en ligne de compte, un peu comme l'anticipation des effets de la caféine sur l'organisme, et que les personnes les plus vulnérables ou les plus fragiles soient angoissées par le simple fait de savoir que c'est la pleine lune et qu'elles ne vont pas bien ou pas du tout dormir.

L'argumentation utilisée par les tenants de cette – fausse – affirmation repose sur l'influence qu'exercerait la Lune sur la Terre du fait de la masse ou de la force de gravitation ; le problème est que l'influence de la masse de la Terre est nettement supérieure à celle de la Lune, au point d'ailleurs de l'annuler. Et ce n'est pas parce qu'il y a des marées, dans lesquelles la Lune joue un rôle certain, que les individus réagissent aussi aux cycles lunaires.

De plus, il est absurde d'imaginer que la lune est plus néfaste quand elle est pleine que lorsqu'elle n'est que partiellement visible ; en quoi l'éclairage de la Lune par le Soleil serait-il partie prenante dans le comportement humain ?

Il s'agit d'un cas typique de « biais de confirmation d'hypothèse », grâce auquel on peut donner une réponse simple à une question très complexe, en éludant ou en réinterprétant totalement les arguments contraires à une croyance préexistante.

IL N'Y A PAS DE GRAVITÉ DANS L'ESPACE

Les astronautes, spationautes, cosmonautes ou encore taïkonautes ont un point commun : ils flottent dans l'espace.

Le seul fait de les voir ainsi flotter laisse à penser que la gravité dans l'espace est nulle. Mais il ne faut pas confondre apesanteur et absence de gravité.

La gravité n'est jamais nulle, y compris dans l'espace : elle est liée à la distance entre la Terre et un objet ou une personne. La gravité, ou force de gravitation, est inversement proportionnelle au carré de la distance entre la Terre et le spationaute ou sa fusée ; elle est donc extrêmement faible lorsque les astronautes sont en mission spatiale, mais pas nulle malgré tout.

Et en y regardant de plus près – ce qu'on ne peut pas vraiment faire dans ce cas –, les astronautes ne flottent pas vraiment ; ils sont en état d'apesanteur, c'est-à-dire en chute libre en direction de la Terre, qui les attire.

GARE AU GORILLE

LES ONGLES ET CHEVEUX POUSSENT APRÈS LA MORT

Encore une idée reçue à oublier vite fait bien fait !

Ni les ongles ni les cheveux, ni rien du tout d'ailleurs ne pousse après la mort.

Dès que la circulation sanguine est interrompue, au moment du décès, les cellules cessent d'être approvisionnées en oxygène : or, le sang et l'oxygène sont indispensables aux follicules qui fabriquent les cheveux et les ongles. La mort interrompt ainsi les processus de fabrication des cheveux, des ongles et des poils.

L'idée que les ongles et les cheveux poursuivent leur croissance post mortem vient sans doute du fait que cheveux et ongles ne se dégradent pas aussi rapidement que la peau, qui se déshydrate et se ratatine, ce qui donne l'impression qu'ils sont plus volumineux et qu'ils ont pu continuer à pousser.

LES CHEVEUX PEUVENT BLANCHIR EN UNE NUIT

Il paraît que la chevelure de la reine Marie-Antoinette d'Autriche, reine de France, a entièrement blanchi pendant la nuit qui a précédé son exécution, le 16 octobre 1793.

Cela est même devenu un syndrome, appelé « canitie subite » ou « syndrome de Marie-Antoinette ».

Sous l'effet d'un choc ou d'une épreuve psychologique, les cheveux pourraient blanchir en une nuit seulement.

En réalité, le blanchissement des cheveux ne peut avoir lieu pendant un laps de temps aussi court, sauf pour les personnes aux cheveux poivre et sel souffrant de certaines pathologies.

Le blanchissement peut malgré tout être rapide, en cas de chute des cheveux encore pigmentés, sous l'effet d'un choc psychologique ou d'une très vive émotion : seuls les cheveux blancs, plus résistants que les cheveux pigmentés, restent alors en place, ce qui donne, en effet, l'impression que l'on a blanchi d'un coup.

LES FEMMES N'ONT PAS DE POMME D'ADAM

La pomme d'Adam fait indéniablement partie des attributs masculins. Et puis, après tout, c'est bien Adam qui a commis l'irréparable en croquant le fruit défendu (devenu une pomme après les traductions latines de la Bible), et celui-ci lui est resté définitivement en travers de la gorge !

Faut-il malgré tout en déduire que les femmes n'ont pas de pomme d'Adam ? Ce serait commettre une erreur, car les femmes ont bel et bien une pomme d'Adam.

La pomme d'Adam, dont le vrai nom est cartilage thyroïde, est l'un des onze morceaux de cartilage qui composent le larynx : elle joue à cet égard un rôle essentiel dans notre corps puisqu'elle protège la glande thyroïde, ainsi que les cordes vocales. Autant dire que sans pomme d'Adam on aurait quelques soucis de santé !

La pomme d'Adam a la forme d'un livre ouvert, avec la tranche située sur l'avant du larynx ; chez les hommes, pendant la puberté, sous l'effet des sécrétions de testostérone, le livre se referme et son angle devient plus saillant, passant de 120 ° à 90 ° environ. D'où cette protubérance, nettement plus visible chez les hommes et quasiment invisible, mais tout de même palpable, chez les femmes.

LES CHEVEUX ET LES POILS POUSSENT INDÉFINIMENT

Que se passerait-il si on ne coupait pas nos cheveux, si on ne se rasait pas, si on ne s'épilait pas du tout pendant un certain temps ? On serait très vite hirsute vraisemblablement.

Mais, contrairement à l'idée couramment admise, les poils et les cheveux ne poussent pas indéfiniment. Poils et cheveux ont une vie rythmée par trois cycles successifs : la croissance, appelée phase anagène ; la stagnation ou phase catagène ; et la mort ou phase télogène.

La durée moyenne de la phase anagène est de trois ans pour les cheveux et trois semaines pour les poils. Au bout de trois ans pour un cheveu, de trois semaines pour un poil, celui-ci finit par mourir de sa belle mort et tomber, remplacé immédiatement par un jeune cheveu ou jeune poil en pleine phase anagène. Et ainsi de suite…

FRANKENSTEIN ÉTAIT UN MONSTRE HIDEUX

Frankenstein n'est pas le nom du monstre hideux, mais celui de son créateur, Victor Frankenstein, docteur suisse. Dans le célèbre roman de Mary Shelley, *Frankenstein ou le Prométhée moderne* (*Frankenstein or The Modern Prometheus*) publié en 1818, la créature issue des manipulations du docteur Frankenstein est appelée « le monstre », « le démon » ou plus prosaïquement « la créature ».

Ce sont les adaptations cinématographiques du roman qui ont désigné Frankenstein comme le monstre hideux immortalisé par Boris Karloff, au détriment de son géniteur.

L'HOMME A PLUS DE POILS QUE LA FEMME

Le poil, comme la pomme d'Adam, est indéfectiblement associé au mâle. Il lui colle à la peau. Qui dit poil dit homme, virilité et, tant qu'à faire… en plus grande quantité que chez la femme.

Mais tout ceci n'est qu'illusion : l'homme n'a pas plus de poils que la femme. Il n'en a pas moins non plus : l'homme et la femme en ont autant ! Ceux qui ont un peu de temps à perdre peuvent vérifier : le nombre de poils des hommes et des femmes est identique.

L'homme a l'air d'être plus poilu que la femme, du moins que certaines femmes, car sous l'action de la testostérone, les poils masculins sont plus développés et vigoureux. Généralement, les poils chez la femme sont moins visibles et restent à l'état de duvet, plus fins et moins pigmentés.

HISTOIRES D'EAUX

LA BOSSE DU DROMADAIRE CONTIENT DE L'EAU

La fameuse réserve d'eau du dromadaire située dans sa bosse, pour un peu on y croirait ! Sauf que la bosse du dromadaire est constituée essentiellement de graisse. Ce n'est pas grâce à sa bosse que le dromadaire peut passer jusqu'à cinq semaines (en saison froide) sans boire en plein désert, mais en raison de son anatomie et de sa physiologie très particulières qui en ont fait un animal parfaitement adapté aux conditions climatiques extrêmes.

Ses narines, fort grosses, ont la propriété de se fermer lorsqu'il y a du vent, ce qui maintient l'humidité dans l'appareil respiratoire. De plus le dromadaire urine peu, et ne transpire quasiment pas. Ses globules rouges ont l'étonnante capacité de tripler de volume lorsqu'il boit, rendant le sang très fluide. Inversement, le sang du dromadaire devient très visqueux dans les périodes où l'animal boit peu ou pas du tout. Le dromadaire est un ruminant, comme la vache : il est donc pourvu de plusieurs estomacs dans lesquels il peut stocker jusqu'à cent trente litres d'eau. Enfin, et bien qu'il fasse partie des animaux à sang chaud, le dromadaire peut faire varier sa température corporelle entre 34 °C et 42 °C, selon la température extérieure, pour lutter contre les déperditions d'eau.

LE POISSON ROUGE A UNE MÉMOIRE DE QUELQUES SECONDES

Le petit poisson rouge qui tourne en rond dans son bocal, tout le monde le prend pour un demeuré au point qu'on lui attribue une capacité de mémoire limitée à seulement quelques secondes.

Non seulement ce n'est pas très flatteur, mais, en plus, c'est faux : des chercheurs ont mené des expériences qui ont prouvé que les poissons rouges possèdent de bonnes capacités d'apprentissage et de mémoire.

Leur mémoire n'est certes pas phénoménale, mais elle peut aller jusqu'à trois mois et plus.

Tout le monde ne peut pas en dire autant !

LE RATON LAVEUR LAVE SA NOURRITURE AVANT DE LA MANGER

Le raton laveur passe pour un obsessionnel compulsif, qui lave consciencieusement et systématiquement ses aliments avant de les manger.

En réalité, le raton laveur qui adore se nourrir de petits animaux aquatiques, comme les écrevisses, les poissons, etc., frotte sa nourriture entre ses pattes avant de l'ingérer : cela donne, ainsi, l'impression qu'il la lave.

LES BALEINES CRACHENT DE L'EAU

Pour plonger aussi longtemps (jusqu'à trente minutes) et aussi profond (le record de profondeur enregistré est de deux cent six mètres), les baleines doivent préalablement prendre une énorme goulée d'air par leur évent. De retour à la surface de l'eau, les baleines expulsent, toujours par leur évent, un jet qui ressemble à s'y méprendre à un jet d'eau. Il s'agit en fait d'un jet d'air mélangé à des gouttelettes d'huile, qui forme de la vapeur en entrant en contact avec l'eau située au-dessus de l'évent.

IL NE FAUT PAS BOIRE EN MANGEANT

Encore un précepte appliqué par beaucoup de monde ! Boire de l'eau en mangeant ferait grossir et provoquerait des troubles de la digestion : c'est pourquoi la consommation d'eau au cours des repas a mauvaise presse.

Il n'y a en réalité aucune preuve médicale ou scientifique qui conforte cette théorie : quoi qu'il arrive, l'estomac adapte sa production de sucs gastriques aux différents types d'aliments ingérés, qu'ils soient solides ou liquides.

Cependant l'eau ingérée au cours d'un repas augmente la sensation de satiété et ralentit le processus de digestion ; si elle n'est pas recommandée, c'est essentiellement pour les personnes souffrant de troubles de la digestion, à qui l'on conseille de boire avant les repas, pour qu'elles se sentent moins « lourdes ».

Boire au cours des repas ne fait pas non plus grossir ; il s'agit tout simplement d'une idée reçue. D'ailleurs, son pendant « boire de l'eau en dehors des repas fait maigrir » est tout aussi faux.

Conclusion : lorsqu'on a soif, y compris pendant un repas, il ne faut surtout pas se priver, car l'eau est vitale !

L'EAU BOUT TOUJOURS À 100 °C

S'il est un principe qui paraît clairement établi et intangible, c'est que la température d'ébullition de l'eau est 100 °C, tout le temps, où que l'on soit et quoi qu'il arrive.

En réalité, ce n'est pas aussi simple, car la température d'ébullition de l'eau dépend justement de l'endroit où l'on se trouve et varie en fonction des conditions locales de pression atmosphérique. Et ceci est également valable pour les autres liquides.

En physique, il existe une loi, appelée loi de Clapeyron, qui établit le lien entre la pression et la température d'ébullition de l'eau : à chaque point de pression atmosphérique est ainsi associé un point de température d'ébullition.

C'est uniquement lorsque la pression atmosphérique est normale que l'eau bout précisément à 100 °C ; plus la pression augmente et plus la température d'ébullition de l'eau est élevée ; à l'inverse, plus la pression atmosphérique est basse et plus la température d'ébullition diminue.

Cela signifie que si l'on veut se faire cuire des pâtes au sommet d'une montagne comme le mont Blanc, il faut attendre que l'eau atteigne une température de 85 °C.

L'EAU S'ÉCOULE EN SENS INVERSE DANS LES ÉVIERS ET BAIGNOIRES LORSQU'ON CHANGE D'HÉMISPHÈRE

Lorsqu'on change d'hémisphère, on a hâte de vérifier que l'eau qui s'écoule dans un lavabo, un évier, une baignoire ou des toilettes ne le fait pas dans le même sens que dans l'autre hémisphère. Plus précisément, le tourbillon est réputé tourner dans le sens des aiguilles d'une montre dans l'hémisphère nord, et dans le sens inverse dans l'hémisphère sud. Ces sens opposés de rotation seraient la conséquence de la force dite « de Coriolis ».

Voilà quelque chose de séduisant, et qui donne envie d'aller faire un tour de l'autre côté de l'équateur… Sauf que c'est totalement faux !

En fait, le sens de rotation de l'eau qui s'écoule n'est pas déterminé par l'hémisphère dans lequel on se trouve, mais par les caractéristiques du récipient dans lequel on fait couler l'eau et la forme et la taille de l'orifice par lequel elle s'écoule. L'influence de la force de Coriolis est beaucoup trop faible, compte tenu des masses d'eau qui sont en jeu, et ne peut déterminer un sens d'écoulement de l'eau dans un lavabo ou même une baignoire.

AU JAPON, L'EAU D'UN MÊME BAIN SERT POUR LAVER TOUTE LA FAMILLE

Vu comme ça – un même bain pour tout le monde –, cela ne donne pas du tout envie. Mais au Japon, le bain est un art traditionnel, qui ne se perd pas, même dans le trépidant Japon contemporain.

Il faut savoir que le bain, contrairement à ce qui se fait en Occident, ne sert pas à se laver, mais à se détendre. Avant de se plonger dans la baignoire, généralement aux bains publics, les *sento*, où les Japonais adorent se rendre, ils se lavent soigneusement.

Autrement dit, lorsqu'on prend un bain au Japon, on est déjà bien propre. Le bain est en effet un lieu de détente où l'on se prélasse, où l'on taille même le bout de gras en famille, voire entre amis dans le cas des bains collectifs. D'où cette utilisation, curieuse vue d'Occident, de la baignoire japonaise, qui n'est pas un lieu où l'on se lave.

IL NE FAUT PAS SE BAIGNER PENDANT LA DIGESTION

Combien d'enfants ont été frustrés par cette interdiction formelle d'aller se baigner juste après le repas, au motif qu'il ne fallait pas se baigner pendant la digestion ? Des générations d'enfants brimés !

Car il semble bien que l'on assimile un peu rapidement l'hydrocution et ses dangers à la conséquence d'une baignade pendant la digestion. Le hic, c'est qu'il peut y avoir hydrocution en dehors des périodes de digestion.

L'hydrocution est la conséquence du contact brutal de l'eau froide, dans laquelle on décide de piquer une tête, avec la peau très chaude : autrement dit, il ne faut surtout pas plonger directement dans l'eau après avoir fait une sieste au soleil (d'ailleurs, suivie ou non d'une baignade, la sieste au soleil n'est pas recommandée non plus).

L'eau fraîche ou froide qui submerge la peau chauffée par le soleil peut provoquer une stimulation cardiaque pouvant être fatale à certaines personnes. Le rythme cardiaque peut alors être perturbé au point de ne plus irriguer suffisamment le cerveau, avec pour conséquence un évanouissement, suivi parfois d'une noyade. Ce n'est donc en aucune manière la digestion qui provoque l'hydrocution ; celle-ci a d'autres causes, directement liées à la différence de température entre le corps et l'eau.

En revanche, le processus de digestion, puisqu'il augmente la température corporelle, peut favoriser le risque d'hydrocution, mais il n'en est pas la cause première.

Et quoi qu'il arrive, il vaut mieux avoir quelque chose dans l'estomac avant de se baigner, sous peine, cette fois-ci, de faire un malaise hypoglycémique dont les conséquences peuvent être plus que fâcheuses.

JONAS FUT AVALÉ PAR UNE BALEINE

Jonas, le protagoniste du Livre de Jonas, est un « petit prophète » par opposition aux « grands prophètes » de la Bible.

Dès que l'on pense à Jonas, on l'associe immédiatement à la baleine, dans le ventre de laquelle il a séjourné pendant trois jours et trois nuits : s'il s'est retrouvé dans cette situation et dans ce lieu pour le moins incongru, c'est parce qu'il a désobéi à Dieu en décidant de fuir Ninive, où Dieu l'avait pourtant envoyé. De Ninive, Jonas rallia Jaffa, d'où il prit un bateau. Pour le punir de sa désobéissance, Dieu déchaîna les éléments et le bateau essuya une énorme tempête. Jonas fut désigné par les marins de l'embarcation comme l'unique responsable de cette catastrophe et fut balancé par-dessus bord.

Il fut recueilli par une baleine… qui était un grand poisson. Car il n'est pas question de mammifère marin, mais bien d'un très grand poisson qui avala Jonas, puis le recracha sur le rivage. Pas de mammifère marin et encore moins de « baleine » à proprement parler dans le récit biblique, mais un grand poisson, même si Jonas forme un couple presque parfait avec « sa » baleine. De toutes les façons, une baleine même très imposante, ne peut pas avaler un être humain du fait de la taille de sa gorge, trop petite !

LA VOIX PEUT BRISER LE VERRE

Outre ses caprices de diva et son caractère de cochon, Bianca Castafiore, la célèbre et truculente cantatrice des aventures de Tintin, casse tous les objets en verre et autres vitres dès qu'elle se met à chanter. Mais il serait faux d'en déduire que la voix peut briser le verre.

Pour qu'il se brise sous l'effet d'une onde, il faudrait qu'il vibre à très grande amplitude au point d'entrer en résonance. Ce phénomène de résonance, bien connu des physiciens, est celui par lequel un pont peut s'écrouler après le passage d'une armée de soldats marchant au pas : les oscillations provoquées par les soldats sont telles que le pont cède.

Le verre peut également entrer en résonance et vibrer tellement fort qu'il finit par casser. En plaçant un verre entre deux haut-parleurs, le verre peut se briser si la puissance des haut-parleurs est portée à un niveau particulièrement élevé. Doit-on en déduire que la voix peut produire les mêmes effets ?

Et bien non ! La voix, pour casser le verre, devrait être d'une puissance hors normes et produite sur une fréquence unique, ce qui n'est jamais le cas.

LES MOULES FERMÉES APRÈS LA CUISSON NE DOIVENT PAS ÊTRE CONSOMMÉES

La plupart des recettes de cuisine sont formelles : il faut absolument jeter les moules qui sont restées fermées après la cuisson, car c'est le signe imparable qu'il s'agit de moules avariées.

C'est faux !

Certaines moules sont plus « musclées » que d'autres : leur coquille, fermée sous l'action du muscle adducteur, n'a pu s'ouvrir, même pendant la cuisson. Ces moules ne demandent qu'à être ouvertes, puis mangées, à moins qu'exceptionnellement il ne s'agisse de moules vaseuses ou sableuses qui, elles, sont en revanche impropres à la consommation.

LES NUAGES SONT FORMÉS DE VAPEUR D'EAU

De quoi sont constitués les nuages dans le ciel ? À un moment ou à un autre, chacun s'est posé la question ou l'a posée à ses parents ou grands-parents. Et quelle fut la réponse la plus couramment donnée à cette question cruciale ? Les nuages sont formés de vapeur d'eau !

Malheureusement, cette réponse devenue presque banale présente le défaut majeur d'être parfaitement inexacte.

Si les nuages étaient constitués de vapeur d'eau, ils seraient invisibles. Ce qui rend les nuages visibles dans le ciel, ce sont les milliards de gouttelettes d'eau qui les composent. Certes, ces gouttelettes proviennent de la condensation de la vapeur d'eau entrant en contact avec l'air froid en altitude. Par exemple, les nuages les plus élevés, de la famille des cirrus, qui se forment dans la troposphère, sont constitués de petits cristaux de glace.

CHARLES LINDBERGH FUT LE PREMIER À TRAVERSER L'ATLANTIQUE EN AVION

L'aviateur Charles Lindbergh est passé à la postérité en traversant le premier l'océan Atlantique en avion, les 20 et 21 mai 1927, reliant New York à Paris aux commandes du *Spirit of St. Louis*.

Pourtant, Charles Lindbergh n'est pas le premier à avoir réussi un vol transatlantique. La tentative précédente, qui avait réussi, avait eu lieu en… 1919 !

Ce sont deux aviateurs anglais, le capitaine John Alcock et le lieutenant Arthur Brown, qui, partis le 13 juin 1919 de Terre-Neuve (au Canada), se sont posés quelque seize heures plus tard à Clifden, en Irlande, après avoir parcouru environ 3 500 kilomètres sans escale. Les deux hommes se sont relayés aux commandes d'un bombardier Vickers Vimy IV datant de la Première Guerre mondiale.

À noter aussi qu'en mai 1919 un autre franchissement de l'Atlantique avait eu lieu, entre Terre-Neuve et Londres, en hydravion et par un équipage militaire. Ce tout premier franchissement n'a pas non plus été retenu.

Mais Charles Lindbergh, s'il ne fut pas le premier, eut toutefois le mérite d'accomplir son exploit en solitaire et à bord d'un monomoteur, ce qui n'était pas rien, tout de même !

J'AURAIS VOULU ÊTRE UN ARTISTE

GRAHAM BELL A INVENTÉ LE TÉLÉPHONE

Le téléphone est un objet que l'on associe très facilement et presque naturellement à Graham Bell, ingénieur écossais né en 1847 à Édimbourg. Pourtant, une polémique a sérieusement remis en question la paternité de l'invention du téléphone à Alexander Graham Bell.

En effet, c'est plus à l'Américain d'origine italienne Antonio Meucci que revient le mérite de cette invention qui a tellement chamboulé les modes de vie.

Antonio Meucci aurait en effet réalisé les premiers prototypes du téléphone entre 1850 et 1862. Il a d'ailleurs obtenu, fin 1870, un brevet descriptif temporaire pour cette invention. Mais n'ayant pas la capacité financière suffisante, Antonio Meucci n'a malheureusement pas pu procéder au renouvellement de son brevet avant qu'il n'expire, en 1874.

Deux ans plus tard, en 1876, le brevet de l'invention du téléphone fut finalement accordé à Bell.

À noter, d'ailleurs, que la Chambre des représentants américaine a officiellement reconnu cent vingt-six ans plus tard, le 15 juin 2002, le rôle joué par Antonio Meucci dans l'invention du téléphone. Cette reconnaissance post mortem bien tardive, simple résolution sans valeur scientifique ni historique, stipulait que « si Meucci avait été capable de payer les dix dollars de frais pour maintenir la promesse de brevet après 1874, aucun brevet n'aurait pu être délivré à Bell ». C'est on ne peut plus clair ! Tout ça pour une poignée de dollars !

GUTENBERG A INVENTÉ L'IMPRIMERIE

Lorsque l'on cite Gutenberg, le premier mot qui vient à l'esprit, c'est « imprimerie ». Et dans la plupart des esprits, cela ne fait ni une ni deux : Gutenberg est l'inventeur de l'imprimerie. C'est ce qu'on a appris à l'école.

Sauf que Johannes Gensfleisch, nettement plus connu sous le nom de Gutenberg n'est pas l'inventeur à proprement parler de l'imprimerie, qui existait depuis le XIe siècle en Asie, plus précisément en Chine. Il n'est pas non plus le créateur de l'imprimerie à caractères mobiles ou métalliques (ceux-ci auraient été utilisés en Corée au début du XIIIe siècle), mais il l'a toutefois considérablement améliorée.

Gutenberg, associé à Johann Fust et Pierre Schoeffer, a en fait modernisé l'imprimerie, qui avait été importée de Chine en Europe par les Perses, au XIIIe siècle : sans avoir véritablement inventé la technique de l'imprimerie, il a bouleversé les méthodes de production des livres en Europe, ce qui n'est pas rien !

Vers 1440, Gutenberg a appliqué à l'imprimerie une série d'innovations sans précédent, comme l'utilisation de caractères typographiques réalisés dans un alliage d'étain, de bismuth et d'antimoine, l'amélioration des presses xylographique, et l'utilisation d'une encre plus résistante et marquant mieux le papier.

Ces innovations ont considérablement réduit le coût de fabrication des livres et favorisé leur plus large diffusion en Europe.

AVANT CHRISTOPHE COLOMB, TOUT LE MONDE PENSAIT QUE LA TERRE ÉTAIT PLATE

Généralement, les grandes découvertes ont un « avant » et un « après » ; celle de Christophe Colomb n'échappe pas à cette règle.

Avant Christophe Colomb, une majorité d'individus pensaient que la Terre était plate ; ce sont ses découvertes qui ont révolutionné la manière de concevoir la Terre et l'univers tout entier.

Sauf que c'est loin d'être aussi simple : dès l'Antiquité, on savait que la Terre était ronde. D'ailleurs, les plus grands savants et penseur de l'Antiquité, comme Platon et Aristote, ont affirmé, preuves à l'appui, que la Terre était bien sphérique. Puis Ératosthène (~276 – ~195 avant J.-C.) fut le premier à mesurer le méridien terrestre et aboutit à une longueur d'environ 40 000 kilomètres.

C'est le christianisme qui a fini par compliquer les choses et mettre à mal les données d'astronomie produites par les savants de l'Antiquité : au tout début du Moyen Âge, l'obscurantisme imposé par l'Église catholique fit régner l'idée que la Terre était plate. Mais les contemporains de Christophe Colomb savaient que la Terre n'était pas plate et Christophe Colomb lui-même connaissait les ouvrages de référence qui prouvaient la sphéricité de la Terre.

Quoi qu'il en soit, la Terre n'est pas plate, c'est certain, mais elle n'est pas non plus parfaitement sphérique, puisqu'elle est aplatie aux pôles et boursouflée à l'équateur.

MARCEL PROUST EST À L'ORIGINE DU QUESTIONNAIRE QUI PORTE SON NOM

Le questionnaire de Proust, qui permet d'en savoir un peu plus sur les goûts, les aspirations et la personnalité de chacun, n'est pas une création ex nihilo de Marcel Proust : l'écrivain a, en effet, traduit et adapté un test anglais datant des années 1860 et nommé *Confessions*.

En traduisant ce test, qu'il a découvert à la fin du XIXe siècle, il a d'ailleurs ajouté des questions au texte original et en a supprimé d'autres.

MOLIÈRE EST MORT SUR SCÈNE

Ce que Dalida aurait voulu dans sa chanson, Jean-Baptiste Poquelin, alias Molière, ne l'a pas fait non plus.

Molière, le célèbre dramaturge et acteur de théâtre, n'est en effet pas mort sur scène, mais chez lui, après avoir été victime d'un malaise pendant la quatrième représentation qu'il donnait du *Malade imaginaire*, le 17 février 1673.

PÉPIN FUT SURNOMMÉ LE BREF EN RAISON DE LA COURTE DURÉE DE SON RÈGNE

Pépin le Bref, fils de Rotrude et de Charles Martel, fut roi des Francs de 751 à 768.

Pépin fut en réalité surnommé « le Bref » non pas en raison de la relative brièveté de son règne, mais à cause de sa petite taille : Pépin le Bref était nettement plus petit que son illustre fils, Charlemagne, qui était, lui, en revanche particulièrement grand pour l'époque.

Ce surnom lui fut d'ailleurs attribué post mortem.

LES ARYENS ÉTAIENT DE GRANDS BLONDS AUX YEUX BLEUS

Nombreux sont ceux qui associent les Aryens à de grands colosses bien charpentés, blonds et aux yeux bleus.

Cette représentation des Aryens est fausse : elle repose sur une théorie développée par Arthur de Gobineau qui, dans un texte au titre pour le moins évocateur, *Essai sur l'inégalité des races humaines,* affirmait que la noblesse française ainsi que toutes les classes dirigeantes européennes étaient issues de la « race » indo-européenne. Cet ouvrage et ses théories nauséabondes furent à l'origine d'un courant de pensée qui finit par situer les origines du peuple aryen en Europe centrale, et lui attribuer les caractéristiques physiques des peuples nordiques. Le mal était fait.

En réalité, les Aryens regroupaient diverses populations parlant une langue indo-européenne, et vivant en Iran et au nord de l'Inde depuis le IIe millénaire avant J.-C.

Il existe en tout état de cause assez peu d'informations sur l'apparence physique des Aryens, mais une chose est sûre : ils n'étaient pas majoritairement de grands blonds aux yeux bleus comme peuvent l'être les Scandinaves, par exemple.

LE PRÉNOM DE CÉSAR ÉTAIT JULES

Les Français ont pris de bien mauvaises habitudes de langage en francisant les noms étrangers, y compris latins, termes que ne traduisent pas, par exemple, les Allemands ou les Anglais.

Certes, cette francisation permet de prononcer et simplifier certains noms, mais elle est à l'origine d'erreurs et d'oublis : dans le cas des noms latins, elle a occulté les vrais noms.

C'est ainsi que Jules César s'appelait en réalité Caius Julius Caesar : du coup, son prénom n'était absolument pas Jules, ni son nom César. Et d'ailleurs, comme tous les citoyens romains, l'empereur avait trois noms : le *praenomen*, équivalant à notre prénom actuel ; le *nomen*, équivalant à notre nom de famille ; le *cognomen*, ou surnom, équivalant à… rien du tout aujourd'hui.

La gamme de *praenomen* était très réduite, et la plupart des garçons s'appelaient Caius, Marcus ou Lucius.

Les *nomen* étaient portés par les descendants d'une même famille (Julius, Tullius, etc.).

Les *cognomen* permettaient de distinguer les individus, beaucoup portant le même *praenomen* et le même *nomen* : ainsi, Caesar, le *cognomen* de Caius Julius, signifie « éléphant » en carthaginois.

THOMAS EDISON A INVENTÉ L'ÉLECTRICITÉ

On retient de Thomas Edison qu'il a mis au point, entre autres inventions, l'électricité ou plus exactement la lampe à incandescence, qui a fait basculer véritablement la vie quotidienne de la société tout entière dans la modernité, comme l'ont fait l'automobile ou le téléphone.

Cette invention cruciale, qui sonne le glas de l'éclairage au gaz ou au pétrole, est datée du 22 octobre 1879.

Avant d'en arriver là, Thomas Edison, génial bricoleur entièrement autodidacte, fit de nombreux essais et tâtonna beaucoup.

Cependant, si l'histoire retient le nom d'Edison, dont le génie ne peut être remis en question, il est plus approprié de considérer que Thomas Edison a considérablement amélioré la lampe à incandescence qu'avait inventée Joseph Swan. L'amélioration apportée par Thomas Edison consista à introduire dans l'ampoule à incandescence un filament de tungstène, en lieu et place du filament de carbone utilisé par son concurrent Joseph Swan.

Un procès opposa, d'ailleurs, les deux hommes, et l'antériorité de l'invention de Joseph Swan fut reconnue : cependant, Thomas Edison protégea mieux ses découvertes. Cela n'empêcha pas les deux hommes d'être autorisés malgré tout à fabriquer leurs ampoules : à baïonnette pour Joseph Swan, à culot à vis pour Thomas Edison.

WALT DISNEY S'EST FAIT CRYOGÉNISER

Pour une étrange raison, la rumeur selon laquelle Walt Disney, le célébrissime créateur de Mickey Mouse, se serait fait cryogéniser, persiste depuis plus de quarante ans. Pire encore, le corps cryogénisé de Walt Disney serait conservé sous l'attraction Pirates des Caraïbes, à Disneyland.

Certes, Walt Disney détestait les enterrements et avait pris soin de spécifier avant son décès qu'il ne souhaitait pas de cérémonie funéraire : il fut donc incinéré en toute discrétion, et ses cendres reposent dans la crypte familiale au Forest Lawn Memorial Park Cemetery, à Glendale, dans l'État de Californie, aux États-Unis. C'est cette absence de cérémonie funéraire qui est très vraisemblablement à l'origine de cette extravagante rumeur.

LES NOUVEAU-NÉS ONT TOUS LES YEUX BLEUS

Si beaucoup de nouveau-nés ont les yeux d'un bleu assez foncé, il n'est pas exact de généraliser ce phénomène à tous les nourrissons. Il est vrai qu'à la naissance, la plupart des bébés (80 % environ) ont des yeux oscillant entre le bleu marine et le gris foncé.

Les mélanocytes sont les cellules responsables de la pigmentation, donc de la couleur de la peau, des cheveux et des yeux : elles sécrètent la mélanine, pigment brun, dont la quantité détermine la couleur des yeux.

Les nouveau-nés ont la particularité d'avoir très peu de mélanocytes, d'où la couleur gris-bleu de leurs yeux.

GLINGLIN ÉTAIT UN SAINT

La Saint-Glinglin est célébrée par tous les fervents adeptes de la procrastination : elle désigne en effet un jour qui n'existe pas dans le calendrier liturgique catholique, pour indiquer qu'on fera quelque chose plus tard ou jamais, ou que la probabilité qu'un évènement se produise est quasi nulle.

Autrement dit, ce qui aura lieu à la Saint-Glinglin a aussi peu de chances de se produire que ce qui est « remis aux calendes grecques » ou « à Pâques ou à la Trinité », c'est-à-dire approximativement jamais.

Le pauvre Glingin non plus n'a jamais existé et n'a, par conséquent, jamais été béatifié, encore moins canonisé.

La Saint-Glinglin est une déformation de « seing », le signe, et de « glin glin », le tintement des cloches ; à l'origine, l'expression désignait qu'au moment où les cloches du Jugement dernier sonneraient, le plus tard possible, alors il serait temps de décider ou de faire quelque chose.

INDIRA GANDHI EST LA FILLE DU MAHATMA GANDHI

Les homonymies peuvent engendrer des confusions qui ont la vie dure !

L'Inde a eu des leaders pour le moins charismatiques, dont Indira Gandhi et le Mahatma Gandhi, le « père de la nation ».

Bien qu'ils portent le même nom, Indira Gandhi et Mohandas Karamchand Gandhi, le Mahatma Gandhi n'ont absolument aucun lien de parenté : Indira était la fille de Nehru, Premier ministre de l'Inde après son indépendance. Gandhi était le nom de famille du mari d'Indira.

LES FRÈRES JACQUES ÉTAIENT FRÈRES

Contrairement à ce que le nom de leur quatuor pourrait laisser penser, les Frères Jacques n'étaient pas quatre frères.

En réalité, seuls deux membres sur les quatre étaient frères : André et Georges Bellec. Les deux autres Frères Jacques s'appelaient François Soubeyran et Paul Tourenne.

L'HABIT NE FAIT PAS LE MOINE

L'ADAGIO D'ALBINONI A ÉTÉ COMPOSÉ PAR ALBINONI

Pourquoi l'adagio d'Albinoni, air en *sol* mineur très connu, s'appelle-t-il ainsi ? Parce qu'il a été composé par Albinoni, évidemment !

Pas du tout ! Son auteur est Remo Giazotto, musicologue italien, spécialiste de Tomaso Albinoni, justement.

Cette composition, qui date seulement de 1945, aurait été tirée d'un fragment d'une sonate d'Albinoni dont des restes de partition auraient été retrouvés dans les ruines de la bibliothèque de Dresde. En réalité, cette prétendue histoire de partition a été montée de toutes pièces pour des questions bassement promotionnelles et commerciales.

CENDRILLON PORTAIT DES PANTOUFLES DE VAIR

Alors en quoi étaient-elles les satanées pantoufles que portait Cendrillon ? En « verre » ou en « vair » ?

Qui ne s'est pas fait rembarrer par un pédant affirmant que les pantoufles de la petite souillon n'étaient bien sûr pas en « verre », mais en « vair » ?

L'argument des partisans du vair, une fourrure d'écureuil, repose sur le fait qu'une chaussure ne peut être faite en verre, surtout à l'époque de Charles Perrault qui a retranscrit le conte issu de la tradition orale. Soit. Mais de toutes façons, transformer une citrouille en carrosse et des souris en chevaux relève aussi de l'improbable.

Toujours est-il que c'est Honoré de Balzac qui a induit en erreur les lecteurs de Charles Perrault, en invoquant une erreur d'orthographe, affirmant qu'il s'agissait de « vair » et non de « verre ». La polémique a agité, et agite encore, le monde littéraire depuis le XIXe siècle.

Mais dans le manuscrit et les éditions originales du conte retranscrit par Perrault, il s'agit bien de « verre » et non de « vair » ; d'ailleurs, le titre entier du récit est *Cendrillon ou la petite pantoufle de verre*.

LE CAMÉLÉON PREND LA COULEUR DE SON SUPPORT

Le caméléon est un sacré numéro, avec ses yeux qui bougent indépendamment l'un de l'autre, sa queue préhensile, ses orteils collés et sa langue aussi longue que son corps ; en plus de toutes ces bizarreries, le caméléon change de couleur.

Mais le caméléon ne change pas de couleur lorsqu'il change de support ; autrement dit, il ne prend pas instantanément la couleur du support sur lequel il se trouve. Inutile de poser un caméléon sur une nappe à carreaux en pensant qu'il va se parer de carreaux rouges et blancs.

En réalité, certains caméléons – pas tous – ont une couleur qui varie en fonction de leur environnement et, surtout, de leur état émotionnel.

Stress, colère, peur, tranquillité, rivalité sexuelle, sont à l'origine des variations de teinte du caméléon qui peut ainsi virer au noir, au marron, au vert, voire se strier de rouge.

MORPHÉE EST UNE FEMME

Morphée et ses bras si agréables dans lesquels s'endormir…

Mais le « e » à la fin de son nom est trompeur, au point qu'on le prend pour une femme.

Pourtant, Morphée est la divinité masculine des rêves prophétiques, peut-être le fils de Nyx (la Nuit) et d'Hypnos (le Sommeil). Avec des parents pareils, il n'est vraiment pas étonnant qu'il soit calé en endormissement et en sommeil.

ATTILA ÉTAIT UNE BRUTE SANGUINAIRE ET SANS ÉDUCATION

Attila, tel qu'on le décrit en cours d'histoire, était un souverain brutal et sans aucun raffinement : le méchant idéal, sans foi ni loi. Sa cruauté légendaire a fait de lui le « fléau de Dieu » au point qu'il se vantait lui-même que « l'herbe ne repoussait pas là où son cheval était passé ». Le chef hun était donc un monstre bestial, rejetant toute forme de raffinement et de civilisation.

Oui, mais voilà, cette vision d'Attila ne correspond pas à la réalité, d'après la plupart des historiens. Ceci est notamment lié au parcours singulier de ce puissant monarque : il est en effet établi qu'Attila a passé une partie de sa jeunesse entre les cours de Rome et Ravenne, voire Byzance, haut lieu du raffinement culturel.

Fort de ces expériences de jeunesse, Attila parlait couramment le grec et le latin, ce qui lui permit de discuter diplomatiquement avec le pape alors qu'il assiégeait Rome.

Attila ne manquait toutefois pas de cruauté, puisqu'il fit assassiner son propre frère pour prendre le pouvoir, mais il était loin d'être une brute épaisse sans éducation.

HENRI III ÉTAIT HOMOSEXUEL

Henri III, quatrième fils d'Henri II et de Catherine de Médicis, fut le dernier des Valois. Il fut roi de France de 1574 à 1589.

Il avait d'après les spécialistes une personnalité complexe, affichait un goût très prononcé pour l'extravagance, ce qui ne l'empêchait pourtant pas d'avoir une vraie stature d'homme d'État.

Ce qui a fait sa « renommée » dans l'histoire fut son homosexualité notoire, puisqu'il est décrit entouré d'une armée de « mignons » dont il appréciait particulièrement la compagnie. Pourtant, aucun témoignage concret n'atteste de son homosexualité, ni ne fait état de conquêtes masculines. En revanche ses nombreuses conquêtes féminines sont, quant à elles, bien répertoriées.

C'est probablement son raffinement extrême, ses bonnes manières et son hygiène corporelle irréprochable, qui tranchaient nettement avec les mœurs de l'époque, qui ont conduit cette rumeur à se propager à travers les âges.

LA PLACE ROUGE A ÉTÉ BAPTISÉE AINSI PAR LES COMMUNISTES

L'immense place de 52 000 mètres carrés au cœur de Moscou, jouxtant le Kremlin, est depuis le XVe siècle l'épicentre de la vie publique moscovite. C'est sur cette place qu'on lisait au peuple les édits du tsar et que la justice était rendue.

La place, bien avant l'installation des communistes au pouvoir, fut nommée au XVIIe siècle la « Belle place », « krasnaïa plochade » en russe. « Krasnaïa » signifiait à cette époque « belle », mais aussi « rouge ». Rapidement, la « Belle place » est devenue la place Rouge, du fait de l'emploi d'un autre mot, « krasivaïa », pour traduire « belle ».

La place était donc rouge avant que la Russie ne passe aux mains des Soviétiques.

LE TITANIC ÉTAIT DÉCRIT PAR SES PROPRIÉTAIRES COMME INSUBMERSIBLE

Dans tous les esprits, le *Titanic* était complètement insubmersible, ce qui a d'ailleurs rendu son naufrage encore plus surprenant et dramatique. Ce sont les propriétaires du bateau qui auraient d'ailleurs eux-mêmes qualifié leur navire d'insubmersible.

Mais cette fausse réputation d'insubmersibilité a fait son apparition non pas avant son naufrage, mais après ce drame.

Certes, avant son lancement, le navire avait été décrit par la presse comme insubmersible, mais il était courant à l'époque dans la presse de qualifier ainsi les nouveaux paquebots.

En fait, la plupart des descriptions commerciales et techniques du *Titanic* en faisaient non pas un paquebot insubmersible, mais… presque insubmersible. La nuance est de taille !

LES STATUES ANTIQUES ÉTAIENT EN MARBRE OU EN PIERRE BLANCHE

S'il est vrai que les statues antiques qui ont le mieux tenu le coup jusqu'ici étaient en marbre blanc ou en pierre blanche, d'autres techniques de sculpture prévalaient à l'époque : le bronze, l'argile ou même le bois étaient des matériaux courants et appréciés en sculpture.

De plus, les statues, y compris celles en marbre ou en pierre, étaient fréquemment revêtues de peintures assez vives, incrustées d'or, d'ivoire, ou même parées de bijoux. Les statues antiques étaient bien loin d'être systématiquement en marbre ou en pierre blanche.

LA VITAMINE C ÉNERVE ET EMPÊCHE DE DORMIR

De nombreuses personnes ne mangent pas d'oranges le soir de peur de ne pas pouvoir dormir ; les oranges ne provoquent pas d'affreux cauchemars, mais elles contiendraient une dose de vitamine C susceptible d'être à l'origine d'insomnies. La vitamine C a en effet une réputation d'excitant, au point d'énerver et d'empêcher de dormir.

Encore une idée à dormir debout, justement ! La vitamine C n'est en rien un excitant et ne peut en aucun cas perturber le sommeil ni l'activité cérébrale nocturne.

Et toutes les études médicales menées sur le lien entre vitamine C et sommeil ont abouti aux mêmes conclusions : la vitamine C n'énerve pas et n'empêche pas de dormir. Une petite orange, un kiwi ou une clémentine à la fin de votre dîner n'aura aucune responsabilité dans l'éventuelle insomnie qui suivra !

L'HOMME UTILISE MOINS DE 20 % DE SES CAPACITÉS CÉRÉBRALES

Il paraît que chaque être humain n'utilise qu'une petite part – moins de 20 %, voire 10 % – de ses capacités cérébrales. Les 80 % à 90 % de capacité cérébrale restant seraient une réserve, une sorte de friche dont l'exploitation autoriserait la mise en œuvre des aptitudes particulières, comme la télépathie par exemple.

Il s'agit d'une idée reçue qu'il semble difficile de déloger de la caboche de nombreux individus, même les moins obtus, et qui repose sur le fait établi que le cerveau n'est, en effet, pas mobilisé à 100 % par une activité.

Pourtant, toutes les observations scientifiques contredisent cette affirmation : le cerveau est en réalité rarement inactif, même si certaines de ses zones ne sont mises à contribution que pour des activités très spécifiques.

LA GUILLOTINE A ÉTÉ INVENTÉE PAR LE DOCTEUR GUILLOTIN

Qui dit poubelle dit… préfet Poubelle, et qui dit guillotine dit… docteur Guillotin. Malheureusement pour le docteur Guillotin, la redoutable machine est associée à son nom depuis 1792, année où elle fut mise en service. Le premier condamné à mort guillotiné fut, en effet, Nicolas Pelletier, bandit de grands chemins, dont l'exécution eut lieu, à Paris, le 25 avril 1792, place de Grève, l'actuelle place de l'Hôtel-de-Ville.

Le premier essai de la machine avait eu lieu quelques jours plus tôt, le 17 avril 1792, à l'hôpital de Bicêtre, sur quelques moutons, puis sur trois cadavres humains.

Joseph Ignace Guillotin, médecin et homme politique, est connu comme étant l'inventeur de la guillotine. Mais ce n'est pas lui qui l'a inventée. Il fut, en effet, à l'origine d'un projet de réforme du droit pénal présenté à l'Assemblée constituante, le 9 octobre 1789, dont le premier article stipulait : « les délits de même genre seront punis par les mêmes genres de peines, quels que soient le rang et l'état du coupable ». Il s'agissait donc d'appliquer le même châtiment à tous les condamnés à la peine capitale, et ce quel que soit leur statut social et le forfait qu'ils avaient commis. L'objectif de Guillotin était également d'épargner des souffrances inutiles aux condamnés, les plus pauvres d'entre eux étant la plupart du temps décapités avec des armes dont le tranchant laissait à désirer, ce qui prolongeait un peu plus leur calvaire.

L'idée « révolutionnaire » de Guillotin fut adoptée le 6 octobre 1791, et on en fit l'usage intensif que l'on connaît sous la Terreur. La machine à tuer disparut, en France, en 1981, après l'abolition de la peine de mort.

Malgré ses protestations, le docteur Guillotin se vit désigné comme l'inventeur officiel de la guillotine. Il en manifesta d'ailleurs le regret jusqu'à sa mort, en 1814.

LA JOCONDE EST LA TOILE LA PLUS CÉLÈBRE DU MUSÉE DU LOUVRE

La Joconde est, en effet, le tableau le plus célèbre du musée du Louvre : des millions de visiteurs venus des quatre coins du monde se pressent chaque année pour admirer le portrait au sourire énigmatique peint par Léonard de Vinci.

Mais, nuance, ce n'est pas la toile la plus célèbre dudit musée pour la bonne et simple raison qu'il s'agit d'une peinture… sur bois : Léonard de Vinci a, en effet, réalisé son chef-d'œuvre sur un panneau de peuplier, support couramment utilisé au tout début du XVIe siècle pour la peinture à l'huile.

LOUIS PASTEUR ÉTAIT DOCTEUR EN MÉDECINE

Il paraît évident que lorsque l'on consacre sa vie à la recherche et que l'on est à l'origine d'autant d'avancées majeures dans le domaine de la santé et de la médecine, tel Louis Pasteur, on est nécessairement docteur en médecine.

Mais il ne faut pas toujours se fier à son esprit de déduction ni aux apparences, car Louis Pasteur n'avait pas le titre universitaire de docteur en médecine.

Il fit des recherches et études sur la fermentation, l'antisepsie et l'asepsie, les microbes et les vaccins (comme celui contre la rage), les maladies touchant certains animaux (comme le mouton ou le ver à soie), mais n'était ni docteur en biologie, ni docteur en médecine, ni même vétérinaire de formation.

Bien qu'élu membre de l'Académie de médecine, en 1873, c'est grâce à une thèse sur la cristallographie que Louis Pasteur obtint, en 1847, un doctorat de physique-chimie. Il était donc bien docteur, mais pas docteur en médecine.

LE TISSU VICHY EST NÉ À VICHY

Vichy, ville du département de l'Allier, est connue notamment pour son tristement célèbre régime pétainiste, mais aussi pour ses cures et ses eaux, ses pastilles blanches à la menthe et… son tissu.

Le vichy est un tissu en coton à carreaux tricolores, immortalisé par Brigitte Bardot dans les années 1950. Ce tissu classique et frais fut toutefois inventé dans les années 1920 par Lucien Langénieux, technicien du tissage et inventeur d'un métier à tisser automatique à quatre couleurs.

La toile de Vichy, contrairement à ce qu'on pourrait croire, n'est pas né à Vichy, mais à Roanne, ville située dans le département voisin de la Loire et distante d'environ cinquante kilomètres.

« AMAZONE » SIGNIFIE « QUI N'A QU'UN SEIN »

Selon la mythologie grecque, les Amazones sont une tribu de femmes guerrières qui se coupaient le sein droit pour être plus habiles au tir à l'arc. Ces redoutables guerrières habitaient en Cappadoce, région du centre de l'actuelle Turquie. La légende prétend également que les Amazones mutilaient leurs enfants mâles, en les rendant aveugles ou boiteux, voire les tuaient. Pour des raisons de perpétuation de leur tribu, elles s'accouplaient une fois par an avec des hommes des peuplades voisines, triés sur le volet, puis privilégiaient les enfants de sexe féminin. Leur société était très nettement matriarcale. Les Amazones étaient armées d'une lance, d'un arc et de flèches, d'une hache et d'un bouclier pour se protéger.

Les Amazones en tant que telles n'ont pas existé, mais la légende s'inspire de certaines femmes guerrières issues des Scythes et des Sauromates. Non seulement il s'agit d'un peuple légendaire, mais l'étymologie la plus répandue de leur nom l'est aussi : depuis l'Antiquité, on considère que le mot « Amazones » signifie en ionien « celles qui n'ont pas de sein ».

En réalité, cette étymologie est erronée : leur nom viendrait de celui d'une tribu iranienne « Hamazan », ou du persan « Ha mashyai ».

LE CITRON EST MOINS SUCRÉ QUE LA FRAISE

Le goût est parfois tellement trompeur !

Contre toute attente, le citron, avec son acidité qui fait grincer des dents et qui pique la langue de certains, contient plus de sucre que la fraise. Et ce sont les chiffres qui le prouvent, tout simplement : il y a en effet 7,8 grammes de glucides dans 100 grammes de citron, contre 7 grammes dans 100 grammes de fraises fraîches. La part de sucre contenue dans le citron est donc supérieure de plus de 10 % à celle que renferme la fraise.

Qui est le responsable de cette erreur d'appréciation ?

C'est l'acide citrique du petit agrume jaune qui brouille complètement la perception du goût sucré et donne ainsi la fausse impression que le citron n'est pas sucré, du moins pas autant que la fraise. La saveur acide l'emporte très nettement sur la saveur sucrée : le citron cache bien son jeu.

LES ROIS MAGES S'APPELAIENT BALTHAZAR, MELCHIOR ET GASPARD

La tradition populaire veut que les Rois mages, guidés par l'étoile du Berger, aient rendu hommage à Jésus qui venait de naître : ils étaient au nombre de trois et s'appelaient Balthazar, Melchior et Gaspard.

Cette tradition bien ancrée dans les esprits a donné lieu à des représentations des trois Rois venant offrir à Jésus dans la crèche l'or, l'encens et la myrrhe, trois présents d'une grande valeur.

Sauf que ces Rois mages ne sont évoqués que dans les écrits évangéliques de Luc et de Matthieu, mais n'y sont ni nommés ni décrits précisément. L'Évangile évoque des mages et non des rois, venus de pays étrangers offrir des présents en hommage à Jésus. Leur nombre est incertain, mais on en a déduit qu'ils étaient trois, puisqu'ils ont offert trois cadeaux.

Ces mages venaient d'Orient, mais rien n'indique qu'ils étaient rois. Plus probablement, il s'agissait de personnages importants ayant une notoriété religieuse, scientifique, mais aussi politique.

Leur nombre aurait, en effet, été fixé à trois dans un écrit ancien d'Origène, qui se fonde sur le nombre de présents offert au nouveau-né, et fait une analogie avec trois personnages, Abimélek, Ahuzzat et Pikol, rendant visite à Isaac.

Quant à leurs noms, ils sont apparus dans un manuscrit du VIe siècle : Bithisarea, Melichior et Gathaspa.

NOIR C'EST NOIR

IL NE FAUT PAS RÉVEILLER UN SOMNAMBULE

Parmi les troubles du sommeil, il en est un qui est fascinant, mais parfois aussi inquiétant : c'est le somnambulisme ; il affecte le sommeil paradoxal et profond.

Les crises de somnambulisme, dont les causes sont nombreuses, sont difficiles à traiter, surtout lorsqu'elles ne sont qu'occasionnelles.

Le somnambulisme se caractérise par une activité motrice pendant le sommeil : il n'est pas rare qu'un somnambule se lève, quitte son lit et se promène dans la maison ou parfois dans la rue. Certains somnambules se livrent même à des activités plus élaborées comme s'habiller, jouer un peu de musique, boire quelque chose ou parler. Il n'est pas rare non plus que le somnambule finisse par se cogner, ce qui le réveille ; dans ce cas, il retourne généralement se coucher bien tranquillement. Il est possible aussi qu'un somnambule se mette en danger lui-même ou mette en danger son entourage pendant sa crise.

La légende, très tenace, dit qu'il ne faut pas réveiller un somnambule, en insistant sur le caractère mortel que pourrait occasionner un réveil brutal : un somnambule réveillé pourrait être victime d'un malaise, voire d'une crise cardiaque.

Eh bien, tout cela est une légende. S'il n'est généralement pas utile de réveiller un somnambule, à moins qu'il ne soit vraiment en situation périlleuse, cela n'est pas dangereux. Mieux vaut s'assurer qu'il retourne au dodo sans dommage direct ni collatéral.

LES LEMMINGS SE SUICIDENT COLLECTIVEMENT

Les lemmings, ces petits rongeurs appartenant à la sous-famille des arvicolinés, ont la lugubre réputation de se suicider en masse, cela pendant leur période de migration. Les lemmings ont, c'est vrai, une petite tendance à choir des falaises ou à se noyer dans des rivières, mais cela est provoqué par des bousculades lorsqu'ils sont très nombreux. Comme quoi il faut toujours se méfier des mouvements de foule…

C'est un documentaire *White wilderness* (*Le Désert de l'Arctique*), produit par Walt Disney, en 1958, qui est à l'origine de ce mythe : on y voyait ces pauvres petites bestioles se jeter du haut d'un précipice. Dans les faits, ces innocents rongeurs avaient été précipités dans le vide par les réalisateurs pour les besoins du film.

C'est ce mythe qui a inspiré les créateurs du jeu vidéo *Lemmings*.

REGARDER LA TÉLÉVISION DE TROP PRÈS OU DANS LE NOIR ABÎME LES YEUX

Un jour, quelqu'un a décrété que regarder de trop près un écran de télévision ou d'ordinateur, allumé dans le noir complet sans source de lumière proche ou même dans une ambiance un peu trop tamisée, abîmait les yeux. Cette même personne a également affirmé que lire dans la pénombre causait des troubles de la vision. Et tout le monde l'a cru.

Pourtant, aucun de ces préceptes n'est vrai.

Cette surutilisation des yeux qui leur serait préjudiciable n'est qu'une légende sans fondement scientifique. Les seuls cas avérés d'endommagement éventuel des yeux ont été constatés chez des personnes ayant regardé directement et longuement le soleil ou un rayon laser. Mais lire à proximité d'une source de lumière tamisée, regarder la télévision de trop près (ou de trop loin d'ailleurs !) ou dans l'obscurité n'a aucun effet permanent et irréversible sur la vision.

LE CHEVAL NE SE COUCHE QUE LORSQU'IL EST MALADE

Le cheval a la réputation de ne dormir que couché et, pis encore, certains affirment que seuls les chevaux malades dorment allongés. Si un cheval se couche et s'endort du sommeil du juste, doit-on en déduire pour autant que sa santé est défaillante ? Pas du tout !

Il est vrai que, la plupart du temps, le cheval dort debout, les yeux mi-clos : il est ainsi prêt à fuir en cas de danger. Dans ce cas, le sommeil de l'animal est très léger, alors que quand il se couche, c'est pour une sieste de plusieurs minutes. Mais, attention, le cheval pratique la sieste allongé à une seule condition : pour peu qu'il se sente en sécurité. Il n'est donc pas rare de le voir allongé tranquillement dans son box. Dans ce cas, pas de panique, il va très bien, merci !

AU COLISÉE, ON BAISSAIT LE POUCE POUR INDIQUER LA MISE À MORT DU GLADIATEUR

Ce qu'on retient des jeux au cirque de Rome, c'est notamment ce geste du pouce baissé pour signifier la mise à mort du gladiateur.

Cette image du pouce baissé a d'ailleurs été reprise dans un tableau peint en 1872 par Jean-Léon Gérôme, intitulé *Pollice Verso*.

Et, bien sûr, tous les péplums ont popularisé cette image, des spectateurs du cirque levant ou baissant leur pouce pour décider du sort du gladiateur. Ce fameux pouce est également devenu un grand classique dans les ouvrages de vulgarisation sur la vie quotidienne dans la Rome antique.

Cette vision n'est qu'un stéréotype, car il n'existe aucune trace littéraire ou artistique d'époque prouvant que ce geste était effectivement pratiqué et qu'il avait cette signification. Notamment aucun bas-relief ni aucune mosaïque représentant les combats de gladiateurs ne montrent la foule levant ou baissant le pouce.

Deux allusions assez vagues au pouce tourné, mais sans préciser toutefois dans quel sens, ont été faites dans deux récits poétiques antiques de Juvénal et Prudence.

En résumé : pouce tourné par la foule, peut-être, mais ce n'est pas certain ; quant à son sens, vers le haut ou vers le bas pour signifier la vie sauve ou la mort, c'est encore moins sûr.

LE TAUREAU EST EXCITÉ PAR LE ROUGE

La corrida a un vrai côté « bling-bling » : couleur rouge vif, accessoires dorés, banderilles multicolores, habits de lumière du matador et tutti quanti…

D'ailleurs, le matador pour commencer le combat agite une cape rouge devant le taureau. Du coup, tout le monde pense que c'est la couleur rouge qui excite le taureau, mais le pauvre animal ne distingue pas les couleurs ! Et non content de voir en noir et blanc, comme de nombreux mammifères, le taureau voit de surcroît complètement flou. Donc le fait d'agiter un tissu rouge devant lui ne l'énerve pas plus que brandir un drapeau blanc.

Et, finalement, le rouge énerve probablement plus l'homme que le taureau !

L'ORDINATEUR ABÎME LES YEUX

Passer ses journées devant l'écran de l'ordinateur abîme les yeux, c'est ce dont tout le monde est persuadé.

Pourtant, c'est faux. Certes, les yeux sont mis à rude épreuve par l'écran de l'ordinateur, c'est un fait. Mais ils ne sont pas abîmés par l'ordinateur. L'ordinateur peut assurément être à l'origine d'une fatigue oculaire, mais n'est pas directement responsable de troubles visuels.

Ce qui peut se produire lorsqu'on passe beaucoup de temps à fixer l'écran de l'ordinateur, c'est la survenance d'une sécheresse oculaire : le fait de regarder une source de lumière pendant un certain temps diminue la fréquence de clignement des yeux et peut provoquer l'évaporation des larmes. Dans ce cas, les yeux picotent, voire piquent, mais, une fois l'écran éteint, ce petit désagrément n'est plus qu'un mauvais souvenir.

Finalement, l'écran de l'ordinateur ne fait qu'accentuer des problèmes oculaires existants ou révéler des affections ou troubles oculaires qui ne se manifestaient pas auparavant.

L'ordinateur ne favorise donc pas la cataracte : à ce sujet, une équipe de scientifiques suédois a démontré qu'il faudrait rester environ six cent cinquante ans devant un écran d'ordinateur pour qu'il provoque une cataracte !

LES GONDOLES DE VENISE SONT NOIRES PARCE QU'ELLES SERVAIENT À TRANSPORTER DES VICTIMES DE L'ÉPIDÉMIE DE PESTE NOIRE

S'il est une embarcation indissociable d'une ville, c'est bien la gondole.

Barque noire à fond plat pour le moins emblématique de la cité des Doges, la gondole existe depuis très longtemps et a été spécialement conçue pour traverser la lagune de Venise et ses hauts fonds. Cet élégant et ancien bateau noir, conduit avec une seule rame, est construit selon des règles très strictes.

Beaucoup pensent que les gondoles sont noires parce qu'elles servaient à transporter les victimes de la terrible épidémie de peste noire qui sévit à Venise et dans toute l'Europe entre 1347 et 1351.

Il n'en est rien : à l'origine, les gondoles étaient un moyen pour les grandes familles vénitiennes de faire état de leurs richesses. Elles étaient donc outrageusement peintes et décorées. Au point qu'un décret de 1603 interdit les décorations et couleurs pour les gondoles ; elles durent toutes être peintes en noir, couleur qu'elles ont encore aujourd'hui.

LES YEUX PEUVENT RESTER BLOQUÉS QUAND ON LOUCHE

Combien d'enfants se sont vu menacer de « rester coincés » lorsqu'ils louchaient comme de beaux diables !

En réalité, il est absolument impossible que les yeux restent bloqués lorsqu'on louche. Le strabisme volontaire est donc totalement, et fort heureusement, réversible ; les parents font honteusement pression sur leurs enfants pour qu'ils cessent de faire les pitres, tout simplement !

Le strabisme convergent (ou divergent, ou vertical) involontaire est en revanche un peu plus délicat à corriger, et les enfants qui y sont sujets doivent absolument être soignés, car il ne se résorbera pas de lui-même : les enfants atteints de strabisme devront en effet porter des lunettes ou des lentilles de contact, voire être opérés dans certains cas.

LES LYNX ONT UNE TRÈS BONNE VUE

C'est l'expression « avoir un œil de lynx » qui a entraîné la confusion, car le lynx est un félin dont la vue est loin d'être exceptionnelle.

En fait, à l'origine, il n'était pas question de lynx dans l'expression, mais de Lyncée, héros de la mythologie grecque doté d'une vue exceptionnelle. La confusion s'est instaurée au Moyen Âge, en France, période pendant laquelle on pensait vraiment que le lynx avait une très bonne vue du fait des bandes noires et blanches entourant ses yeux et donnant de la profondeur à son regard. Du coup, le glissement sémantique s'est opéré et on s'est mis à parler d'un « œil de lynx ».

LES CHAUVES-SOURIS SONT AVEUGLES

Les chauves-souris sont des petits mammifères volants à la réputation maléfique. Elles n'ont pas vraiment la cote auprès des humains, qui sont persuadés qu'elles s'accrochent dans les cheveux, se nourrissent de sang, construisent des nids pour s'y reproduire en toute quiétude, ou que ce sont des rongeurs qui attaquent les boiseries avec leurs petites dents acérées.

Cerise sur le gâteau, la chauve-souris traîne la réputation d'être aveugle ; certes, les bébés chauves-souris naissent aveugles, mais à l'âge adulte la chauve-souris ne l'est plus. Sa vision est complétée par son système étonnant d'écholocation, qui lui permet de se déplacer dans l'obscurité avec une agilité, une vitesse et une précision hors du commun.

LES CIMETIÈRES D'ÉLÉPHANTS EXISTENT

Il paraît que les éléphants d'Afrique se rendent d'eux-mêmes pour mourir dans des lieux baptisés assez logiquement « cimetières d'éléphants ».

Il paraît seulement, car le cimetière d'éléphants n'existe pas, les zoologistes spécialistes de ces pachydermes ont pu le démontrer.

C'est probablement la découverte de plusieurs squelettes d'éléphants regroupés aux mêmes endroits qui a conforté cette fausse croyance et fasciné les chasseurs d'ivoire et braconniers de tout poil pendant de longues années.

LANGUES BIEN PENDUES

ÉMILE ZOLA A TITRÉ « J'ACCUSE » SON ARTICLE PUBLIÉ DANS L'AURORE AU MOMENT DE L'AFFAIRE DREYFUS

S'il est bien une manchette de presse qui a traversé le temps et que – presque – tout le monde connaît, c'est « J'accuse » titrant la lettre ouverte adressée par Émile Zola au président de la République Félix Faure et publiée par le journal *L'Aurore* pendant l'affaire Dreyfus.

Cette lettre et son titre ont certainement aidé à la réhabilitation du capitaine Dreyfus. Pourtant, si c'est Émile Zola qui a écrit cette magnifique et retentissante lettre, ce n'est pas lui qui en a trouvé le titre si percutant, mais Georges Clemenceau, qui travaillait alors comme rédacteur à *L'Aurore*.

« GAGEURE » SE PRONONCE COMME « MAJEURE »

Il n'y a, en apparence, aucune raison pour ne pas prononcer « gageure » comme « majeure », puisqu'on trouve à la fin de ces deux mots la même syllabe « eu », qui se prononce comme dans « heureux ».

Mais on le sait bien, il vaut mieux ne pas se fier aux apparences, surtout dans le domaine de la langue française et de sa prononciation, qui réserve parfois quelques surprises.

Il se trouve que « gageure » est une exception (qui confirme la règle !) : « gageure » est le substantif du verbe « gager ». Dans « gageure », le « e » placé entre le « g » et le « u » sert à transformer le « g » en « j » ; le « e » de « gageure » est donc un « e » muet, exactement comme dans « badigeon ».

Le « geure » de « gageure » se prononce comme « jure ».

CAMBRONNE A DIT « MERDE »

Pierre Cambronne est plus connu pour avoir dit « Merde ! » que pour ses faits d'armes. On retient de lui essentiellement ce mot, devenu couramment le « mot de Cambronne ».

Pourtant, le général Pierre Cambronne et son bataillon résistèrent honorablement aux assauts anglais pendant la bataille de Waterloo, le 18 juin 1815. Il fut à cette occasion blessé et d'ailleurs laissé pour mort.

Après cette offensive anglaise, un journaliste rapporta que les assaillants d'outre-Manche envoyèrent un émissaire au général mal en point pour lui demander sa reddition. Sa réponse fut sans appel, elle est d'ailleurs restée célèbre : « La Garde meurt, mais ne se rend pas » ; puis, essuyant à nouveau le feu anglais, le (trop ?) fameux « Merde ! ».

Mais Cambronne lui-même a toujours nié avoir tenu ces propos. D'ailleurs, le journaliste avoua rétrospectivement s'être un peu emballé en prêtant ces phrases mythiques au général en mauvaise posture.

LA PHRASE FAVORITE DE SHERLOCK HOLMES EST : « ÉLÉMENTAIRE, MON CHER WATSON ! »

Jamais de la vie !

La preuve : cette phrase, que Sherlock Holmes est réputé prononcer, n'a même jamais été écrite par Arthur Conan Doyle, le romancier créateur du personnage. En fait, Sherlock Holmes dit de temps à autre « Élémentaire ! » (« Elementary » en version originale).

Il s'agit donc typiquement d'une citation apocryphe, attribuée par erreur. Elle a été prononcée pour la première fois dans une adaptation cinématographique d'une des aventures du détective, *le Retour de Sherlock Holmes,* réalisée en 1929 par Basil Dean.

ANDRÉ MALRAUX A DIT : « LE XXIE SIÈCLE SERA RELIGIEUX OU NE SERA PAS. »

Cette citation ultra connue est attribuée à André Malraux, autodidacte, aventurier, écrivain et homme politique français, né à Paris en 1901 et mort à Créteil en 1976.

Mais le hic, c'est qu'André Malraux, auteur de la Voie royale et de la Condition humaine, n'a jamais prononcé cette phrase ; elle le poursuit encore, plus de trente ans après sa disparition.

Profondément athée, André Malraux évoqua la possibilité, ou la probabilité, d'une « révolution spirituelle » au XXIe siècle. Mais il récusa fermement avoir prononcé cette phrase, dont le ton prophétique l'agaçait plus qu'autre chose…

« CHALLENGE » SE PRONONCE À L'ANGLAISE

Ah ! ces défis que l'on aime relever ! Ces fameux « challenges » que l'on prend un certain plaisir à prononcer à l'anglaise !

Il est vrai que prononcé à la française, le mot perd un peu de son relief, paraît nettement moins percutant et moins à la hauteur que ce qu'il représente. Pourtant, « challenge » est un mot français, par ailleurs très ancien.

« Challenge », issu du latin « calumniare », fut d'abord utilisé en France sous la forme « chalonge » et ce dès le Moyen Âge. À cette époque, le « chalonge » était une accusation publique, une calomnie, une réclamation en justice, et déjà un défi (ou duel).

Son sens a donc bien peu changé, et ce sont les Anglais qui l'ont emprunté aux Français, pour le leur rendre sous sa forme actuelle de « challenge ».

La prononciation, assez récente, à l'anglaise est erronée.

LES GOÛTS SONT PERÇUS À DIFFÉRENTS ENDROITS DE LA LANGUE

Beaucoup d'entre nous pensent que la perception des différents goûts est exclusivement due aux papilles qui tapissent la surface de la langue : chacun des quatre grands goûts – salé, sucré, amer et acide – serait associé à un type de papilles, situées sur quatre zones différentes de la langue. Pendant très longtemps, et encore aujourd'hui, on a dessiné de très jolies cartes de la langue représentant les zones en question.

Cette cartographie de la langue n'est qu'une schématisation outrancière, et elle est fausse ! Elle serait due à une erreur dans la traduction, en 1942, par Edwin G. Boring, psychologue américain, des travaux réalisés au début du XXe siècle par un scientifique allemand, le professeur Häning. Malgré les nombreuses rectifications effectuées par la suite, cette grossière erreur a continué de se propager : aujourd'hui encore, d'ailleurs, certains spécialistes en œnologie s'appuient sur cette fausse carte pour expliquer les modalités de perception des saveurs et goûts du vin.

En se basant sur cette cartographie sensorielle fictive, on associe un peu trop vite la perception du goût aux seules papilles. Pourtant on estime que la langue est responsable à 10 % seulement de la sensation gustative, contre 90 % pour le système rétro-nasal. L'odorat joue donc un rôle essentiel dans la perception des goûts !

Les récepteurs chimiques du goût situés dans les papilles de la langue ne sont spécialisés ni par zone géographique de la langue ni par type de goût : ainsi un même récepteur peut percevoir successivement les goûts sucré et salé, par exemple. Les papilles transmettent en réalité un ensemble d'informations concernant le goût, et pas seulement les quatre grandes saveurs.

LE « G » D'IMBROGLIO SE PRONONCE COMME DANS « GLISSER »

Le « g » d'imbroglio n'est pas un « g » muet : il se prononce comme dans « glissade » ou « hiéroglyphe », par exemple. Cette certitude est une faute de prononciation commise par une grande majorité de la population.

En réalité, le « g » d'imbroglio, de la même manière que celui de « tagliatelles », est un « g » muet. Ce « g » passé sous silence provient du fait que le mot « imbroglio » est italien, et qu'il est dérivé du verbe « imbrogliare » signifiant « embrouiller ».

Lorsqu'il y a imbroglio, il y a, à n'en pas douter, confusion, situation embrouillée. La prononciation correcte, c'est-à-dire proche de la prononciation italienne, fait donc l'impasse sur le « g », même si la francisation conduit à un « g » bien sonore.

ON DIT « FUMER COMME UN POMPIER » PARCE QUE LES POMPIERS SONT DE GROS FUMEURS

Les grands fumeurs, complètement accros à la cigarette, sont réputés « fumer comme des pompiers » ou « fumer comme des sapeurs ». Ces expressions familières et très imagées qui désignent les personnes grandes consommatrices de tabac pourraient laisser penser que les pompiers sont également de grands fumeurs.

Il n'en est rien : les vaillants soldats du feu n'ont pas une propension à fumer supérieure au reste de la population.

Deux séries d'explications sont avancées pour l'origine de cette expression : autrefois, l'utilisation des pompes à vapeur dans les rues de Paris, notamment pour circonscrire les incendies, créait d'épais nuages de vapeur et, surtout, de fumée, donnant l'impression que les pompiers eux-mêmes fumaient.

L'autre hypothèse fait référence aux tenues vestimentaires des sapeurs-pompiers qui, lorsqu'elles n'étaient pas encore ignifuges, étaient enduites d'une couche de graisse protectrice avant que les pompiers affrontent les flammes. Cette graisse, sous l'effet de la chaleur du feu, se transformait en fumée.

LE COMPTE EST BON

UNE ANNÉE CHEZ LE CHIEN ÉQUIVAUT À SEPT ANNÉES CHEZ L'HUMAIN

Ceux qui ont un chien le savent, ceux qui n'en ont pas le savent sûrement aussi : pour connaître l'équivalent en années humaines de celles d'un chien, il suffit de multiplier l'âge de l'animal par sept. Cette méthode de conversion donne des âges spectaculaires aux canidés ; cependant elle n'est pas exacte, car bien trop expéditive.

Il faut en réalité tenir compte de la race, de la taille et du poids du chien adulte. Lorsqu'il a six mois, un chien de petite taille (jusqu'à quinze kilogrammes) a l'équivalent de quinze ans pour un homme. Un chien de taille moyenne ou grande (entre quinze et quarante-cinq kilogrammes), de six mois, a dix ans, tandis qu'un très grand chien (plus de quarante-cinq kilogrammes), de six mois, a environ huit ans.

La fameuse règle de la multiplication par sept est donc assez approximative : elle ne permet pas de calculer de manière fiable l'âge d'un chien en équivalent humain.

LES HEURES DE SOMMEIL AVANT MINUIT COMPTENT DOUBLE

Ah ! l'effet magique des heures de sommeil avant minuit, celles qui résoudraient tous les problèmes de sommeil et feraient que l'on se sentirait tellement bien au réveil !

Dommage, il n'y a aucun effet magique, aucun effet du tout, d'ailleurs. Le sommeil avant l'heure fatidique de minuit n'est pas plus réparateur qu'après ! Ce qui compte, c'est bien le nombre d'heures passées à dormir. Et ce nombre doit être cohérent avec l'horloge biologique de chacun ; il y a donc un rythme idéal à trouver, adapté à chaque personne, et ce indépendamment de l'heure du coucher.

Cette fausse croyance sur les bienfaits des heures de sommeil avant minuit repose très certainement sur une mauvaise compréhension ou interprétation des différentes phases du sommeil.En début de nuit, le sommeil est plus profond et son cycle dure plus longtemps. Mais les cycles se succèdent de la même manière que l'on se couche avec les poules ou à une heure beaucoup plus avancée de la nuit.

Cela étant, les conditions du coucher sont importantes pour passer ensuite une bonne nuit : calme et détente, absence de lumière, température idéale de la chambre à coucher notamment contribuent à un sommeil serein et réparateur.

ON DEVIENT PROPRIÉTAIRE DE CE QUE L'ON TROUVE AU BOUT D'UN AN ET UN JOUR

Lorsqu'on trouve un objet appartenant à quelqu'un d'autre, qui l'a donc perdu, il est de bon ton d'apporter ledit objet orphelin au service des objets trouvés, qui est en fait le lieu où sont conservés les objets perdus dans l'attente que leur propriétaire vienne les récupérer. D'ailleurs, la plupart des grandes villes françaises, ainsi que les entreprises de transport public, possèdent leur propre service des objets trouvés. Ce n'est donc pas une spécificité parisienne. Les objets sont conservés plus ou moins longtemps selon le lieu où ils sont perdus et selon leur valeur.

Il a été décrété par de nombreux petits malins, « inventeurs » – c'est le terme approprié – d'objets égarés, que ceux-ci devenaient leur propriété après un délai d'un an et un jour, dans la mesure où personne n'était venu les réclamer.

Sauf que ce n'est pas aussi simple : certes, l'objet peut en effet être remis à son inventeur au bout d'un an et un jour, mais cela ne transfère pas pour autant la propriété de l'objet. Si jamais l'inventeur a revendu l'objet, histoire de mettre un peu de beurre dans les épinards, le propriétaire dispose encore d'un délai de trois ans pour revendiquer son bien auprès de l'acheteur. Si l'inventeur a conservé l'objet, le propriétaire dispose d'un délai de cinq ans pour le réclamer.

Il faut donc plus d'un an et un jour pour posséder ce que l'on a trouvé.

LES CHIFFRES ARABES ONT ÉTÉ INVENTÉS PAR LES ARABES

Il y a une certaine cohérence à considérer que ces chiffres et nombres « arabes » que nous connaissons si bien et qui nous sont indispensables dans notre vie quotidienne, ont été inventés par les Arabes.

Pourtant ce n'est pas le cas, et il faut rendre à César ou plutôt à l'Inde ce qui lui appartient : les vrais inventeurs de la numérotation décimale ne sont pas les Arabes, mais les Indiens.

Dès le IIIe siècle avant notre ère, les Indiens conçurent et utilisèrent les chiffres que l'on appelle chiffres « arabes ». Les Arabes n'ont pas inventé ces chiffres à proprement parler, mais ont contribué à leur propagation dans le monde occidental, ce qui est fondamental. Les Arabes se sont approprié les chiffres indiens, probablement au VIIe siècle, puis les ont exportés en Occident. Les chiffres et le système de numérotation ont remplacé progressivement les chiffres romains, définitivement au Xe siècle.

JÉSUS-CHRIST EST NÉ UN 25 DÉCEMBRE

Pour une bonne partie de l'humanité, Jésus-Christ est né un 25 décembre : c'est d'ailleurs ce jour-là qu'on fête sa naissance et Noël.

Sauf que la date de naissance officielle du Christ n'est pas connue !

Il semblerait que cette date ait été choisie au IVe siècle de notre ère par le pape Libère. En fixant la célébration de Noël le 25 décembre, il s'agissait de dissuader les païens de fêter le *Sol Invictus,* c'est-à-dire le solstice d'hiver et avec lui les jours qui rallongeaient. Religieusement, le symbole était fort : faire coïncider la naissance du Christ avec la fin de l'hiver correspondait au triomphe de la lumière sur les ténèbres.

Autre certitude à faire voler en éclats, celle concernant le jour exact de la naissance de Jésus-Christ : outre le fait qu'il y a une chance sur trois cent soixante-cinq pour que Jésus-Christ soit né un 25 décembre, il n'est pas non plus né en l'an 0, qui n'a jamais existé. Il n'est pas né non plus en l'an 1, mais probablement entre 5 et 7 avant… lui-même !

AUX PÔLES, LA NUIT DURE SIX MOIS

Cette fausse croyance repose sur une déduction hâtive liée à l'inclinaison de l'axe de rotation de la Terre : chaque pôle est éclairé six mois d'affilée. Et si chaque pôle est éclairé pendant six mois, a contrario chaque pôle est plongé dans l'obscurité pendant les six autres mois !

En réalité, la nuit polaire, comme toutes les nuits d'ailleurs, est précédée par un crépuscule, dont la durée peut être très longue : elle varie selon la saison et, surtout, selon le point géographique du Globe où l'on se trouve. La nuit ne commence véritablement qu'une fois le crépuscule fini et le soleil couché à 12 ° degrés sous l'horizon : au pôle Nord, le 21 septembre au soir, le soleil commence à se coucher, et il ne sera sous l'horizon que… deux mois plus tard ! La nuit polaire, noire comme on l'imagine, ne démarre effectivement qu'au 21 novembre, précédée de deux mois de crépuscule. Puis il faudra attendre le 21 janvier pour que le soleil se lève à nouveau. La nuit totalement noire sera tombée sur le pôle pendant deux mois et non six.

LE XXIE SIÈCLE A COMMENCÉ EN L'AN 2000

Quand a débuté le XXIe siècle ?

À question évidente, réponse simple : le 1er janvier 2000 bien entendu !

C'est archifaux !

Tout simplement parce qu'il n'y a jamais eu d'année 0 : autrement dit, le Ier millénaire a commencé en l'an 1 et s'est achevé en l'an 1000. Le IIe millénaire a donc débuté en l'an 1001 et s'est achevé en l'an 2000. Le IIIe millénaire a commencé en 2001.

Le raisonnement est identique pour les siècles : le Ier siècle a commencé en l'an 1 pour s'achever en l'an 100, le IIe siècle a débuté en l'an 101 et s'est terminé en 200, et ainsi de suite jusqu'au XXe siècle, qui a commencé en 1901 et a duré jusqu'en 2000.

Le XXIe siècle a donc commencé au 1er janvier… 2001 !

LORS DE LA PRISE DE LA BASTILLE, DES CENTAINES DE PRISONNIERS FURENT LIBÉRÉS

La portée historique de la prise de la Bastille, le 14 juillet 1789, tend à faire croire que des milliers d'insurgés sont allés libérer des centaines de prisonniers de la forteresse parisienne.

En réalité, il n'y avait que sept captifs emprisonnés dans la forteresse de la Bastille, le jour où celle-ci fut prise : deux fous, Tavernier et De Whyte ; un débauché, le comte Hubert de Solages ; quatre faussaires, Béchade, Laroche, La Corrège et Pujade.

LA COLONNE DE JUILLET, PLACE DE LA BASTILLE, A ÉTÉ ÉRIGÉE EN SOUVENIR DU 14 JUILLET 1789

La prise de la forteresse de la Bastille, le 14 juillet 1789, fut l'un des évènements majeurs et ô combien riche en symboles de la Révolution française. Pourtant, la colonne qui trône au milieu de la place de la Bastille n'a pas été érigée en souvenir du 14 juillet 1789.

C'est le roi Louis-Philippe qui décréta, en 1833, qu'une colonne serait édifiée au centre de la place de la Bastille, en hommage aux révolutionnaires morts pendant les « Trois Glorieuses », ces trois jours d'insurrection parisienne de juillet 1830 qui conduisirent au règne de Louis-Philippe.

D'ailleurs, des bas-reliefs représentant les trois dates – 27, 28 et 29 juillet – ornent le piédestal, et sur la colonne sont inscrits en lettres d'or les noms des six cent quinze combattants de l'insurrection.

WEEK-END À LA CAMPAGNE

COUPER UN VER DE TERRE EN DEUX DONNE DEUX VERS DE TERRE

Les vers de terre, ou lombrics, sont dotés de capacités de régénération assez étonnantes, tant et si bien qu'on leur prête la faculté de ne pas mourir lorsqu'on les coupe en deux, et même de donner naissance à deux nouveaux vers de terre, parfaitement opérationnels.

Malheureusement, ou heureusement, il ne faut quand même pas exagérer : même s'ils sont capables de régénérer certains de leurs organes abîmés ou de remplacer leurs membres après amputation, tout dépend de l'endroit où ils sont sectionnés. C'est, en effet, seulement la partie du corps où se trouve le ganglion cérébral qui peut se régénérer, et encore… elle ne peut se régénérer que partiellement.

Donc, pour tous ceux qui seraient tentés de mener la cruelle expérience au fond de leur jardin, il n'y a pas clonage de ver de terre lorsqu'il prend un coup de bêche. Il peut s'en sortir, mais avec pas mal de dommages collatéraux, s'il n'attrape pas d'infection ou s'il ne se fait pas avaler par un oiseau entre-temps.

LE BŒUF EST LE MÂLE DE LA VACHE

Techniquement, il est impossible au bœuf d'être le mâle de la vache, puisque le bœuf est un taureau castré : le bœuf n'a donc plus ses organes reproducteurs. Difficile, dans ces conditions, d'être un mâle digne de ce nom, ce qui n'est pas le cas du taureau qui, lui, est bien le mâle de la vache.

La castration du taureau permet d'obtenir de la viande plus tendre et plus goûteuse ! Bon appétit !

LE BOURDON NE PIQUE PAS

Curieusement, le bourdon a la réputation de ne pas piquer, contrairement à sa cousine l'abeille.

Pourtant, comme les abeilles, les bourdons, dont le nom savant est *Bombinae*, sont des insectes sociaux, dont l'organisation est identique à celle des abeilles : une reine, des ouvrières et des mâles. Ce sont les ouvrières qui peuvent piquer, puisqu'elles sont pourvues d'un dard qu'elles n'utilisent qu'en cas d'urgence absolue.

En revanche, les mâles ne piquent pas. Il n'y a plus qu'à apprendre à distinguer les mâles des ouvrières, les premiers ayant des antennes articulées composées dc treize parties, contre douze chez les ouvrières. Bonne observation entomologique !

LE MOUSTIQUE SE NOURRIT DE SANG

Combien de soirées dans le jardin ou sur la terrasse, de nuits gâchées par ces fichus moustiques ? Beaucoup trop !

Il est avéré que ce sont uniquement les femelles qui piquent. Et pourquoi piquent-elles ? Non pour se nourrir de sang, telles des vampires, mais pour favoriser la maturation de leurs œufs : c'est l'apport de protéines contenues dans le sang qu'elles prélèvent qui va permettre le développement complet des œufs.

Les dames moustiques se nourrissent par ailleurs de nectar de fleurs, ce qui est nettement plus poétique, mais ne rend pas moins désagréables leur bourdonnement et leurs piqûres.

LES ARAIGNÉES SONT DES INSECTES

Les araignées laissent rarement indifférent. D'ailleurs, ceux qui les détestent les prennent pour des insectes ; pourtant du point de vue zoologique, ces satanées bestioles ne sont pas des insectes, mais des arachnides.

Les arachnides possèdent quatre paires de pattes, et leurs corps, dépourvu d'ailes et d'antennes, comporte deux parties : l'abdomen et le céphalothorax.

Quant aux insectes, ils ont trois paires de pattes et un corps composé de trois parties : la tête, le thorax et l'abdomen.

LES LAPINS SONT DES RONGEURS

Pourvu de deux grandes incisives proéminentes, le lapin a tout du rongeur. Sauf qu'il n'en est pas un : c'est un lagomorphe.

Le rongeur se reconnaît à son absence de canines et à son unique paire d'incisives, dont la croissance est continue.

Mais le lapin est finalement un petit cachottier : certes, il n'a pas non plus de canines, mais il est pourvu de deux paires d'incisives à croissance continue, la seconde paire étant cachée derrière la première. Cette seconde paire n'est toutefois pas aussi développée que la première, mais c'est à cause d'elle que le lapin n'entre pas dans la famille des rongeurs, mais bien dans celle des lagomorphes.

LES OIGNONS DU « RANG D'OIGNONS » SONT LES LÉGUMES

Tout porte à croire que l'expression « se mettre en rang d'oignons » tient ses origines de la science potagère et que les oignons ne sont autres que les légumes si goûtus. Tout porte à croire seulement, car les oignons des « rangs d'oignons » ne désignent pas les légumes. Et d'ailleurs, à l'origine, l'expression qui ne s'écrivait pas tout à fait comme aujourd'hui n'avait pas non plus le même sens que celui qu'on lui connaît.

Il faut remonter au XVIIe siècle pour comprendre l'origine de cette expression. Artus de la Fontaine Solaro, connu également sous le nom du baron d'Oignon, fut chargé d'organiser les états généraux de Blois, en 1576. Son rôle dans ces réunions était d'attribuer à chaque député participant son rang protocolaire : en découlait une place dans l'assemblée, que certains députés trouvaient indigne de leur rang. D'où ce placement peu apprécié « en rangs d'Oignon ».

Lorsque l'expression fut employée initialement, « être en rang d'Oignon » signifiait participer à une réunion à laquelle on n'était pas invité, n'être pas à sa place en somme. C'est certainement un abus de langage qui a fait disparaître la majuscule, puis a changé le sens de l'expression, qui signifie aujourd'hui être bien aligné sur une même file.

LES MANTES RELIGIEUSES MANGENT LEUR PARTENAIRE MÂLE APRÈS LA REPRODUCTION

La femelle dévorerait son partenaire à peine l'accouplement terminé ou, pis encore, elle lui mangerait la tête pendant qu'il est encore à son affaire. Brrr… Cela fait froid dans le dos.

Mais, heureusement pour ces messieurs mantes, ce n'est pas tout à fait exact : du moins ce n'est pas systématique. Cette forme de cannibalisme aurait été observée plus fréquemment hors du milieu naturel, c'est-à-dire en laboratoire ou en vivarium.

Ce sont la captivité et, surtout, l'insuffisance de nourriture avant l'accouplement qui pourraient expliquer ce comportement particulièrement violent.

Dans la nature, l'accouplement se déroule en toute sécurité pour le mâle, qui peut prendre la poudre d'escampette une fois son devoir accompli.

LES PIQÛRES DE CERTAINES ARAIGNÉES SONT MORTELLES

Les araignées nous piquent, finalement, assez rarement : elles le font si elles se sentent menacées ; autrement, ce sont des animaux plutôt paisibles sous des dehors pas très accommodants et un rien sinistres.

Les arachnophobes, que la seule vue d'une araignée peut mettre dans un état de panique indescriptible, invoquent parfois le fait que les piqûres des araignées peuvent être mortelles, pour justifier leur phobie.

Cependant, statistiquement, les cas de décès dus à des piqûres d'araignées sont moins nombreux que ceux causés par les guêpes, les abeilles ou les frelons : le venin injecté par l'araignée lorsqu'elle pique est destiné à paralyser ses proies et non à les tuer directement.

Les piqûres d'araignées, si douloureuses qu'elles puissent être, ne provoquent donc que très rarement des réactions entraînant la mort : du coup, on ne peut pas vraiment affirmer que les piqûres de certaines araignées soient mortelles, même les piqûres des araignées venimeuses.

LA LUMIÈRE ATTIRE LES MOUSTIQUES

Qui n'a pas prudemment éteint les lumières un soir d'été, ou ne s'est pas fait vertement réprimander parce qu'il laissait les lumières allumées alors que les fenêtres étaient grandes ouvertes, prenant ainsi le risque d'attirer les moustiques ?

Les *Culicidae* – tel est le nom scientifique des moustiques – sont réputés être attirés par la lumière et donc se précipiter en masse pour venir bourdonner et surtout piquer leurs proies.

Il s'agit d'une fausse croyance, d'un mythe absolu !

Le moustique ne peut pas détecter la présence ou non de lumière : il n'est pas équipé pour. Ce qui l'attire à tous les coups, c'est le dioxyde de carbone, et ce jusqu'à une distance de vingt mètres, ce qui est énorme à l'échelle d'une aussi petite (mais particulièrement agaçante) bestiole.

C'est donc le dégagement de dioxyde de carbone du corps humain, combiné à la chaleur et aux odeurs corporelles, qui attire la femelle moustique et qui lui fait choisir ses victimes…

LA ROSÉE EST DU MATIN

La rosée, si poétique avec ses petites gouttelettes qui imprègnent les feuilles des arbres ou les brins d'herbe, est par définition du matin. D'ailleurs, elle est désignée sous le vocable « rosée du matin ».

En réalité, la rosée, si elle semble être apparue le matin, est bel et bien là depuis la veille au soir. Elle est d'ailleurs la hantise des astronomes, car elle vient se loger sur le bout des lorgnettes et gêne les observations des étoiles.

La rosée se forme dès le soir et se dépose toute la nuit. La vapeur d'eau contenue dans l'air se condense sous forme liquide : généralement, la rosée apparaît pendant les nuits claires, par vent nul ou quasi nul, et lorsque de l'air humide a stagné près du sol. La quasi-absence de nuages et de vent permet un refroidissement important de l'air jusqu'à un point appelé « point de rosée », en dessous duquel l'humidité ambiante passe de l'état de vapeur à l'état liquide en se condensant.

N'HABITE PAS
À L'ADRESSE INDIQUÉE

LE HAMBURGER EST NÉ AUX ÉTATS-UNIS

Ce n'est pas parce que les Américains consomment chaque année en moyenne cent cinquante hamburgers par personne que ce sont eux qui les ont inventés !

Le hamburger n'est pas une invention américaine : il a été importé aux États-Unis par les immigrés allemands au XIXe siècle, qui ont quitté l'Allemagne par le port de Hambourg.

Il faut en effet revenir à l'étymologie du mot hamburger pour comprendre d'où vient ce sandwich rond à la viande hachée. En allemand, « Hamburger » désigne tout simplement un habitant de la ville de Hambourg.

Durant le trajet entre Hambourg et New York, des steaks de viande de bœuf hachée, salée (parfois fumée) et mélangée avec des oignons et de la chapelure, étaient servis à bord des bateaux, parfois entre deux tranches de pain. Ensuite, sur le port de New York, ils furent proposés cuits « dans le style de Hambourg », et cette recette se diffusa ensuite dans toute l'Amérique.

ABIDJAN EST LA CAPITALE DE LA CÔTE-D'IVOIRE

Au petit jeu des capitales des pays africains, il y en a qui sont incollables. Ils les savent sur le bout des doigts. Mais connaissent-ils celle de la Côte-d'Ivoire ? Oui ! Pour eux, c'est Abidjan, assurément.

Raté ! La capitale de la Côte-d'Ivoire n'est pas Abidjan ou, plus exactement, n'est plus Abidjan, et cela depuis 1997 : Houphouët-Boigny, le « père de l'indépendance » ivoirienne avait souhaité ce transfert de l'administration du pays d'Abidjan à Yamoussoukro.

Plusieurs raisons ont été invoquées pour expliquer ce choix : Abidjan fut la capitale instaurée par les colons et il s'agissait pour les Ivoiriens de reprendre leur destin en main ; Yamoussoukro était le lieu de naissance d'Houphouët-Boigny ; on comptait également sur ce transfert pour décentraliser le pouvoir et assurer une meilleure stabilité politique au pays.

La capitale administrative de la Côte-d'Ivoire est donc Yamoussoukro, ce qui n'a pas empêché l'ancienne capitale Abidjan de demeurer la capitale économique du pays.

DIOGÈNE VIVAIT DANS UN TONNEAU

Diogène de Sinope, philosophe de la Grèce antique, était un sacré loustic. Très illustre représentant de l'école cynique, il est réputé avoir vécu dans un tonneau.

Mais à l'époque de Diogène, le tonneau n'existait pas encore, puisqu'il s'agit d'une invention gauloise ! En réalité, Diogène squattait une grosse amphore ou jarre en terre cuite, *pithos* en grec, sur l'agora athénienne.

C'est vraisemblablement un problème de traduction qui est à l'origine de cette erreur, que l'on traîne depuis des siècles et qui situe le domicile habituel de Diogène dans un tonneau, en lieu et place d'une grosse amphore…

LE COR ANGLAIS VIENT D'ANGLETERRE

Avec un nom pareil, on ne voit pas bien d'où pourrait venir le cor anglais, à part d'Angleterre.

L'instrument désigné comme tel n'a rien à voir avec le cor semi-circulaire utilisé par les chasseurs ou les forestiers. Le cor anglais est un instrument à vent de la famille des bois qui fait partie de la sous-famille des hautbois.

Les spécialistes du hautbois s'accordent à dire que cette fausse dénomination provient d'une erreur de traduction de « engelisches horn », le nom d'origine du cor anglais, qui signifie cor « angélique » en vieil allemand.

LE JAZZ A ÉTÉ INVENTÉ À LA NOUVELLE-ORLÉANS PAR DES MUSICIENS NOIRS

Tout le monde est persuadé que le jazz a été inventé à La Nouvelle-Orléans par des musiciens noirs. C'est pourtant loin d'être le cas.

La naissance officielle de ce genre musical remonte au 26 février 1917 : ce jour-là fut enregistré le premier disque de jazz, *Lively Stable Blues,* par l'Original Dixieland Jazz Band, de Nick La Rocca.

L'enregistrement de l'album eut lieu à New York, soit à 1 865 kilomètres de La Nouvelle-Orléans et, si les cinq membres du groupe en question étaient Blancs, tous étaient cependant originaires de La Nouvelle-Orléans.

LE SAXOPHONE EST UN CUIVRE

Le saxophone a l'air d'être un instrument de la famille des cuivres, mais il cache bien son jeu !

En effet, le saxophone, qui tient son nom de son inventeur, le Belge Adolphe Sax, n'est pas du tout un instrument à vent de la famille des cuivres, mais de la famille des bois.

Certes, le saxophone est principalement composé de métal, mais le son qu'il produit est issu de la vibration d'une anche en bois contre son bec. D'où sa classification, logique, dans les bois et non dans les cuivres.

MOZART ÉTAIT AUTRICHIEN

Wolfgang Amadeus Mozart est bien né en 1756 à Salzbourg, cela ne fait aucun doute. Ce lieu de naissance ne fait pas pour autant de lui un Autrichien pur jus : tout simplement parce qu'en 1756 Salzbourg faisait partie du Saint Empire romain germanique. La ville, aujourd'hui autrichienne, ne fut rattachée à l'Autriche qu'en 1816.

IL N'Y A PAS DE DIFFÉRENCE ENTRE LE ROYAUME-UNI ET LA GRANDE-BRETAGNE

C'est ce qu'on croit généralement concernant nos voisins d'outre-Manche : ils habitent une sorte d'île, appelée indifféremment Royaume-Uni (United Kingdom) ou Grande-Bretagne (Great Britain).

Pourtant, le Royaume-Uni et la Grande-Bretagne ne forment pas qu'une seule et même entité, ce sont bien deux territoires distincts : la Grande-Bretagne est l'île composée de l'Angleterre, de l'Écosse et du Pays de Galles. C'est d'ailleurs la plus grande île d'Europe et la neuvième du monde, ce qui n'est pas si mal.

Quant au Royaume-Uni, c'est un État composé de l'Angleterre, de l'Écosse, du Pays de Galles… et de l'Irlande du Nord. Sa capitale est Londres, également capitale de l'Angleterre.

ISTANBUL EST LA CAPITALE DE LA TURQUIE

De prime abord, la capitale de la Turquie, c'est Istanbul. C'est d'ailleurs la ville la plus peuplée du pays.

Istanbul est aussi une ville à l'histoire très ancienne : d'abord appelée Byzance, puis Constantinople, la cité est devenue Istanbul le 28 mars 1930. Elle fut la capitale de l'Empire romain, de l'Empire byzantin, puis de l'Empire ottoman à partir de 1453. L'actuelle république de Turquie fut fondée le 10 août 1920 ; la capitale fut transférée à Ankara le 13 octobre 1923. C'est Mustafa Kemal Atatürk qui fit ce choix pour des raisons stratégiques et plus symboliquement pour donner un nouvel essor au pays en tournant le dos à l'ancien régime. Ankara possède aussi l'avantage d'être dans une zone à faible activité sismique.

LE JAMBON D'AOSTE VIENT D'ITALIE

Aoste est une ville montagnarde d'Italie, chef-lieu de la région autonome et bilingue du Val d'Aoste, située au nord-ouest de la botte. Est fabriqué dans cette région d'Aoste un délicieux jambon, appelé jambon de Bosses car produit plus précisément dans le village de Saint-Rhémy-en-Bosses. Ce jambon de pays artisanal est aromatisé avec des herbes de montagne. Voilà pour l'authentique jambon d'Aoste.

Mais il existe un autre Aoste, du côté français, dans le département de l'Isère : cette commune a sur son territoire une charcuterie industrielle appartenant au groupe Aoste, filiale du géant Smithfield Foods, leader mondial de la transformation de la viande de porc.

Cette usine fabrique un jambon qui a été commercialisé pendant de nombreuses années sous l'appellation « jambon d'Aoste », entretenant d'ailleurs gentiment la confusion avec son homologue artisanal transalpin. Ce « jambon d'Aoste » vendu en France n'avait rien d'italien. Il n'avait rien à voir non plus avec le vrai jambon artisanal.

Ce jambon d'Aoste cent pour cent français s'appelle désormais « Jambon Aoste ».

LA GRANDE MURAILLE DE CHINE EST LE SEUL ÉDIFICE VISIBLE DEPUIS LA LUNE

Tout le monde sait que la Grande Muraille de Chine est la plus imposante construction du monde avec ses dimensions pharaoniques : 6 700 kilomètres de long au total, entre 7 et 16 mètres de haut, et 7 mètres de large.

Et tout le monde pense que cet impressionnant édifice est visible depuis la Lune : les astronautes eux-mêmes l'auraient affirmé.

Mais c'est impossible compte tenu de la distance séparant la Terre de la Lune : 385 000 kilomètres. Voir la Grande Muraille depuis la Lune reviendrait à voir un objet d'un millimètre carré à une distance de trente-huit kilomètres.

LE MEXIQUE EST EN AMÉRIQUE CENTRALE

Où se trouve le Mexique ? En Amérique centrale, pardi !

Caramba, encore raté !

Le Mexique, bien que situé au sud des États-Unis d'Amérique, ne fait partie pas partie de l'Amérique centrale et encore moins de l'Amérique du Sud. Il fait partie de l'Amérique du Nord et, à cet égard, est membre de l'Alena (accord de libre-échange nord-américain).

Mais tout cela n'empêche pas le Mexique de faire partie des États d'Amérique latine, où l'on parle espagnol et portugais.

PARIS EST PLUS AU SUD QUE MONTRÉAL

Montréal, la métropole du Québec, est connue pour ses hivers rigoureux. Très rigoureux. Pour autant, il est faux d'en déduire que Montréal est plus au nord que Paris.

D'ailleurs, avec 45°30' de latitude nord, Montréal est sur le même parallèle, ou presque, que la ville de Bordeaux, dont le climat est nettement moins rude !

Ce ne sont pas les latitudes des régions qui déterminent leur climat, mais l'influence du Gulf Stream, conjuguée à d'autres phénomènes thermiques et atmosphériques.

SYDNEY EST LA CAPITALE DE L'AUSTRALIE

Encore un sacré piège dans les quiz de géographie !

Sydney avec son Opéra au bord de l'eau, reconnaissable entre mille, et son fameux Harbour Bridge, n'est pas la capitale de l'Australie, contrairement à une idée très répandue ; c'est en revanche la première ville du pays du point de vue de la démographie. Sydney est la capitale de l'État de Nouvelle-Galles du Sud. Ce fut aussi l'une des premières colonies européennes créées en Australie.

La capitale de l'Australie est Canberra, située à 280 kilomètres au sud-ouest de Sydney.

L'APPELLATION « BLUE-JEANS » EST D'ORIGINE AMÉRICAINE

Le blue-jeans, mondialement connu, et la toile denim qui le compose, surpiquée et renforcée par des rivets, sont le fruit d'une collaboration entre Oscar Levi Strauss, homme d'affaires et commerçant, et Jacob Davis, tailleur à Reno dans l'État du Nevada, aux États-Unis.

Si les inventeurs de ce pantalon, aujourd'hui tellement porté à travers le monde, sont bien identifiés et incontestablement américains, les mots blue-jeans et toile denim n'ont pas d'origines américaines, mais bel et bien européennes.

Le blue-jeans tirerait son appellation d'une teinture bleue, originaire de la ville de Gênes, en Italie : le bleu de Gênes ; sa prononciation à l'américaine aurait ainsi donné le fameux « blue-jeans ».

Il en va de même pour le mot « denim », désignant la toile de coton bleue résistante : il serait tout simplement la contraction de « de Nîmes », ville française où un tissu à base de laine et de soie était fabriqué par la famille de tisserands André.

LA FOUDRE NE TOMBE JAMAIS DEUX FOIS AU MÊME ENDROIT

Encore une fausse croyance météorologique, populaire au point d'être devenue un dicton. Affirmer que la foudre ne tombe jamais au même endroit est, en somme, une manière de conjurer le mauvais sort. Cela n'a pas de fondement scientifique sérieux.

La foudre est une décharge électrique lancée par un cumulo-nimbus, nuage dans lequel les charges électriques négatives se sont accumulées au point qu'une décharge est ensuite envoyée vers le sol. Un canal électrique se crée entre le nuage et le sol, l'air étant chargé en électricité. La première décharge électrique est alors suivie d'une montée vers le nuage de charges positives, via ce canal, visible à l'œil nu sous la forme d'un éclair lumineux. Ce canal, appelé « traceur », détermine le point d'impact au sol de la foudre.

La foudre qui, certes, ne tombe pas n'importe où ni n'importe comment a des points de chute de prédilection. Ils sont généralement en hauteur : cimes des arbres, pylônes électriques, immeubles ou édifices de grande hauteur. D'ailleurs, ce n'est pas sans raison que ces derniers sont pourvus de paratonnerres.

Et au cours d'un même orage, ces points peuvent être effectivement touchés plusieurs fois, en particulier dans les régions les plus exposées aux orages.

LE CENTRE SPATIAL RUSSE EST À BAÏKONOUR

Le centre spatial russe, d'où sont lancés les engins spatiaux et autres satellites, est à Baïkonour.

Ainsi, pour le commun des mortels, il suffira de se rendre dans la ville de Baïkonour pour faire un peu de tourisme et, surtout, visiter le cosmodrome. Mais ceux qui débarqueront à Baïkonour même se casseront les dents et se retrouveront dans une petite ville minière du Kazakhstan, située à près de quatre cents kilomètres au nord-est de la base spatiale russe de lancement de Baïkonour.

Cette base soviétique à l'origine (en 1955), russe aujourd'hui, porte en effet le nom d'une autre ville : il s'agissait à l'époque de tromper l'ennemi, ou du moins d'entretenir la confusion sur la véritable localisation d'un lieu aussi stratégique, alors que la Guerre froide battait son plein. Finalement, « Baïkonour » était une sorte de nom de code.

Cela étant, une ville nouvelle, baptisée à l'origine Leninsk, a été construite autour du cosmodrome. Cette ville, située au Kazakhstan, est administrée par les Russes ; elle est officiellement devenue Baïkonour en décembre 1995. Mais l'authentique Baïkonour est bien une petite bourgade minière.

LE NYLON S'APPELLE AINSI PARCE QU'IL FUT DÉCOUVERT SIMULTANÉMENT À NEW YORK ET À LONDRES

Le nylon, matière plastique utilisée comme fibre textile, en particulier dans la confections des bas et collants, s'appellerait ainsi parce qu'il fut découvert simultanément à New York et à Londres : « ny » pour New York et « lon » pour Londres.

En réalité, cette matière plastique de la famille des polyamides fut mise au point par Wallace Carothers, un chimiste de la gigantesque compagnie américaine DuPont, qui mit cependant fin à ses jours avant d'avoir eu le temps de baptiser commercialement sa trouvaille, jusqu'alors appelée « polyamide 6-6 ».

C'est en 1938 que l'appellation « nylon » fut donnée au « polyamide 6-6 », découvert deux ans plus tôt : le premier nom proposé fut « norun », signifiant grosso modo « ne s'effile pas », rapidement transformé en « nuron » pour éviter toute accusation de publicité mensongère, puis en « nylon » pour des questions de facilité de prononciation en anglais.

LES AIGUILLEURS DU CIEL SONT DANS LA TOUR DE CONTRÔLE

Les aiguilleurs du ciel, dont le rôle est absolument crucial dans la navigation aérienne aux abords des aéroports, pour garantir le bon déroulement des mouvements des avions sur les pistes, sont forcément tous dans la tour de contrôle. Ils ont, depuis leur perchoir au-dessus des pistes, une vue panoramique imprenable sur tout l'aéroport : c'est logique et évident.

Mais ce n'est pas aussi simple ; les aiguilleurs du ciel ne sont autres que des contrôleurs aériens et ils ne sont pas tous agglutinés dans la tour de contrôle de l'aéroport pour accomplir leur mission. Certains y sont, en effet, mais ils n'assurent pas la totalité du contrôle aérien. D'autres, moins visibles et moins emblématiques, assurent le travail en amont de l'atterrissage et en aval du décollage : ils surveillent les routes empruntées par les avions lorsqu'ils ne sont ni en phase d'approche de l'aéroport, ni en phase de décollage. Leur rôle de suivi et d'assistance des avions en vol est tout aussi important que celui de leurs collègues des tours. Mais ces aiguilleurs du ciel ne travaillent pas à proximité d'un aéroport : ils sont postés dans un des cinq CRNA (centre en route de la navigation aérienne) que compte la France. Autant dire qu'ils ne voient même pas la queue d'un avion pendant leur journée de travail !

LE BÉRET EST ORIGINAIRE DU PAYS BASQUE

Le béret, cette galette de laine tricotée, coiffait à l'origine les bergers des Pyrénées (pas les gros chiens, mais leurs propriétaires) pour les protéger des intempéries et du froid. Puis, le fameux béret basque est devenu un couvre-chef, populaire au point d'être avec la baguette de pain et la bouteille de vin rouge l'un des attributs du Français lorsqu'il est représenté ou caricaturé.

Tous ceux qui pensent, assez logiquement au demeurant, que le béret basque est originaire du Pays basque se trompent : le béret n'est pas originaire du Pays basque, mais du Béarn.

Le béret est né en plein Béarn, dans la région de Pau, au XVe siècle. Le Béarn n'existe plus aujourd'hui administrativement, mais désigne toujours la région paloise. Ce sont, en revanche, les Basques qui ont popularisé ce chapeau en le commercialisant auprès de la clientèle touristique qui venait en villégiature sur la Côte basque.

LES ANGLAIS ONT INVENTÉ LE FOOTBALL

On peut attribuer aux Anglais le mérite de nombreuses inventions, comme le flegme, la sauce à la menthe, les chips au vinaigre ou le *tea time*. Mais s'il y a une chose que les Anglais n'ont pas inventée, c'est le football.

Les racines de ce sport, si populaire en Angleterre et dans de nombreux pays sur tous les continents, se trouvent dans la soule, ou choule, jeu médiéval dont la première apparition est attestée en France au milieu du XIIe siècle, puis en Angleterre.

Ce sport était pratiqué dans les écoles et les universités, mais aussi dans les villages et les campagnes, dont il était originaire. Malgré les apparences, il était relativement codifié et se jouait avec une pelote de chiffon, puis un ballon de cuir (à partir du XVIe siècle) à déposer dans un but. À noter, d'ailleurs, que la soule est aussi considérée comme l'ancêtre du rugby.

La soule était un jeu brutal, qui pouvait donner lieu à de violentes bagarres faisant des blessés, voire des morts : de ce fait, elle fut interdite en Angleterre et en France, ce qui ne l'empêcha pas d'être populaire (et pratiquée). Elle fut nommée « football » en anglais, puis « folk football ».

En 1835 fut édictée l'interdiction de pratiquer le folk football sur les routes, obligeant les joueurs à se réunir sur des terrains clos. Ceux des écoles (Eton, Harrow, Westminster, etc.) furent utilisés. Puis, les premières règles du jeu et codes de bonne conduite furent rédigés, à partir du milieu du XIXe siècle. La Fédération anglaise de football fut créée en 1863, notamment pour unifier les règles d'une équipe à l'autre et faciliter les compétitions.

Il n'est donc pas exact d'affirmer que les Anglais ont inventé le football ; à défaut de l'avoir inventé, ils l'ont cependant intégralement codifié, pour en faire ce qu'il est aujourd'hui.

LE PING-PONG EST UN SPORT CHINOIS

Voilà un sport qui porte un nom à consonance diablement extrême-orientale, voire carrément chinoise ! Pourquoi pas ? Cela se tient après tout ! D'autant que les Chinois excellent à ce sport.

Mais en fait, pas du tout ! Le ping-pong, nom populaire du tennis de table, est un sport venu tout droit d'outre-Manche.

La légende raconte qu'à la fin du XIXe siècle, au terme d'un repas réunissant des notables de la haute société, les convives se sont mis à parler tennis et schémas de jeu ; pour rendre plus compréhensibles leurs propos, ils se munirent de boîtes de cigares qui leur servirent de raquettes, de bouchons de champagne pour figurer les balles, et de livres en guise de filet.

Plus vraisemblablement, toujours à la fin du XIXe siècle en Angleterre, ce sont des joueurs de tennis qui, frustrés par la pluie de ne pouvoir s'adonner à leur sport favori, ont improvisé sur leur table de salon une partie de tennis d'intérieur avec de petites raquettes cordées et une balle en caoutchouc.

Quelles que soient les circonstances de sa naissance, le tennis de table est un jeu anglais, qui est devenu très populaire et s'est développé très rapidement en Angleterre, puis en Europe et aux États-Unis.

Le tennis de table s'est appelé « Pim-Pam », « Gossimar », « Whiff-Whaff » et « Ping-Pong », en raison du bruit de la petite balle sur la raquette.

Bien que devenu sport national en Chine au début des années 1950, ce n'est pas un sport chinois.

« BARBECUE » EST UN MOT D'ORIGINE ANGLAISE

Barbecue est un mot dont l'origine anglaise ne semble faire aucun doute. Elle n'est pourtant pas attestée.

Le mot « barbecue » trouve ses racines chez les Taïnos, cette tribu amérindienne qui vivait dans les Grandes Antilles au moment où débarquèrent les premiers explorateurs espagnols.

Les Taïnos faisaient cuire lentement la viande en la plaçant sur une grille en bois au-dessus d'un brasier, afin d'empêcher les animaux et les insectes de s'en approcher. Dans le dialecte local, cette grille s'appelait « barbacoa ».

Les Espagnols rapportèrent du Nouveau Monde cette découverte, et le terme « barbacoa » se propagea à travers l'Europe, subissant quelques transformations selon la langue locale.

LES BIKINIS S'APPELLENT AINSI À CAUSE DES DEUX ÎLES DE L'ATOLL DE BIKINI

Certes, il y a un rapport entre le bikini et l'atoll de Bikini, ce petit chapelet d'îles appartenant aux îles Marshall, en plein Pacifique.

Les îles Marshall sont tristement célèbres pour avoir été le théâtre d'opérations violentes pendant la Seconde Guerre mondiale, puis pour avoir été le lieu principal des expérimentations nucléaires américaines, dès 1945 et jusqu'aux années 1960. Ces expérimentations eurent lieu après le déplacement des populations locales : soixante-sept tirs ont été effectués, dont celui de la première bombe à hydrogène (bombe H). En 2010, l'atoll de Bikini a été inscrit sur la liste du patrimoine mondial de l'humanité de l'UNESCO, symbolisant « l'entrée dans l'âge nucléaire malgré une image paradoxale de paix et de paradis terrestre ».

Si le bikini se compose de deux petites pièces, ce n'est pas le cas de l'atoll : il est constitué d'un chapelet de… trente-six îlots coralliens.

En réalité, la référence à l'atoll de Bikini par Louis Réard, le créateur français du fameux petit maillot de bain, est liée justement au caractère explosif de cette nouvelle pièce vestimentaire, dont les premiers exemplaires furent présentés au public dès 1976. Louis Réard misait sur un effet de mode aussi puissant que celui de l'explosion qui avait eu lieu dans l'atoll du Pacifique.

« GADGET » EST UN MOT D'ORIGINE ANGLAISE

La langue française regorge de mots aux origines incertaines, ou du moins difficiles à attester. Souvent, ces mots ont subi des déformations de graphie et de prononciation au fil du temps et des usages.

Gadget fait assurément partie de ces mots dont les origines sont, en effet, assez mal connues. Mais contrairement à ce que sa graphie laisse penser et sa consonance entendre, « gadget » n'est pas un mot d'origine anglaise.

C'est du français qu'il est issu : sa première apparition remonte à la fin du XIXe siècle, avec l'entreprise « Gaget, Gauthier et Cie », importante entreprise de fonderie parisienne.

Le directeur de cette manufacture renommée, M. Gaget, fut à l'origine des miniatures représentant la statue de la Liberté, fabriquées et commercialisées pour assurer la promotion et le financement de l'œuvre de Frédéric Auguste Bartholdi. Lorsque Gaget assista à l'inauguration de la statue, à New York en 1886, il distribua les statuettes aux Américains, qui les baptisèrent du nom de leur créateur, Gaget, en prononçant le nom de l'ingénieux entrepreneur à l'américaine, soit « gadget ».

Le mot « gadget » était né ; il ne lui restait plus qu'à faire le voyage retour en France, pour venir s'installer dans le vocabulaire courant.

TU ME FAIS TOURNER LA TÊTE

LES POUX SONT LE SIGNE D'UNE MAUVAISE HYGIÈNE CAPILLAIRE

La pédiculose est l'invasion de certaines parties du corps, généralement la tête, par les poux. Il existe trois catégories de poux susceptibles de nous infester : le pou de tête, le pou de corps et le pou du pubis, appelé aussi morpion.

Le pou, qui fait partie de la liste de mots que l'on apprend à l'école comme prenant un « x » au pluriel, est un insecte parasitaire qui se complaît sur le cuir chevelu, tout particulièrement celui des enfants. Mais cela ne signifie pas que les adultes ne peuvent pas en attraper, d'autant que la pédiculose est très contagieuse, en plus d'être désagréable.

Les poux sont réputés s'installer sur les têtes pas très propres, et être ainsi le signe indéniable d'une hygiène corporelle et capillaire douteuse ; cela est totalement faux ! Le pou, comme la gale d'ailleurs, est peu regardant sur l'hygiène locale : que ce soit propre ou sale, il s'installe si les conditions de prolifération lui paraissent réunies !

Cette fausse croyance vient probablement d'une ancienne campagne publicitaire datant du début du XXe siècle, vantant les mérites d'un shampoing anti-poux, tout en stigmatisant les personnes infestées.

BOIRE UNE BIÈRE BIEN FRAÎCHE ÉTANCHE LA SOIF

Quoi de plus agréable et de plus désaltérant qu'une bière bien fraîche quand il fait très chaud ? L'eau, remède le plus efficace contre la soif !

Il est totalement faux de croire que la bière, fût-elle parfaitement servie et sans faux-col, juste à la bonne température, étanche la soif ; c'est même le contraire.

La raison en est très simple : la bière, comme toutes les boissons alcoolisées (à consommer avec modération), accentue la déshydratation du corps et augmente la sensation de soif. Plus précisément, du point de vue biologique, l'alcool inhibe la production par le cerveau de l'hormone antidiurétique (ADH), qui intervient dans la régulation de l'eau par l'organisme. Ainsi, l'alcool contenu dans la bière, quelle que soit la température à laquelle elle est consommée, perturbe le contrôle de l'équilibre hydrique du corps, ce qui fait éliminer de l'eau en excès et ne peut fort logiquement pas étancher la soif.

L'ALCOOL RÉCHAUFFE

La chanson le clame haut et fort : « le pinard, c'est de la vinasse, ça réchauffe là oùsque ça passe, vas-y pinard, remplis mon cœur, etc. ». Lorsqu'il fait frisquet dehors et que l'on grelotte, on se dit qu'en buvant un petit verre (ou deux), on va se réchauffer.

Le problème est que la sensation de chaleur produite par l'alcool n'est que très temporaire : elle est exclusivement liée à la dilatation des vaisseaux sanguins de la peau, et non au réchauffement global de l'organisme. Dès que les vaisseaux ne sont plus dilatés, la douce sensation de chaleur cesse et, cerise sur le gâteau, cette vasoconstriction, c'est-à-dire la diminution du calibre des vaisseaux sanguins, entraîne une perte de calories qui fait que l'on a encore plus froid qu'avant !

Lorsqu'il fait froid, il n'y a donc pas trente-six solutions pour se réchauffer : mettre un pull, un bonnet, ou rentrer se calfeutrer bien au chaud !

LE VIN BLANC DONNE MAL À LA TÊTE

Un peu comme le chocolat, le vin blanc a la fâcheuse réputation de donner mal à la tête, voire d'être à l'origine de vraies crises de migraine. Du coup, de nombreuses personnes se privent, à titre préventif, d'un petit verre de vin blanc, uniquement parce qu'elles craignent de souffrir d'une céphalée.

C'est la prétendue forte teneur en soufre du vin blanc qui lui conférerait ce vilain défaut. Seulement voilà, du soufre, il n'y en a pas plus (et il y en a même parfois moins) dans le vin blanc que dans le vin rouge et, surtout, que dans certaines eaux minérales sulfurées prescrites aux curistes !

Aucun lien objectif n'a donc pu être établi entre le vin blanc et les céphalées.

UNE CUILLÈRE PLACÉE DANS LE GOULOT DE LA BOUTEILLE PERMET AU CHAMPAGNE DE RESTER PÉTILLANT

Un jour, on ne sait pas trop quand, quelqu'un a décrété qu'il fallait placer une petite cuillère dans le goulot d'une bouteille de champagne ouverte, afin d'empêcher le gaz de s'échapper.

Cette pratique très usitée n'a pas de fondement scientifique, ni d'ailleurs d'efficacité quelle qu'elle soit. La cuillère placée dans le goulot ne fait pas office de piège à bulles, même s'il s'agit d'une cuillère en argent : quoi qu'il arrive, si on ne remet pas de bouchon hermétique, le gaz… part. Et le champagne est fichu !

IL NE FAUT PAS BOIRE D'ALCOOL EN PRENANT DES ANTIBIOTIQUES

Tout le monde pense qu'il faut cesser de boire de l'alcool lorsqu'on suit un traitement antibiotique : cela n'est pas exact.

Il est vrai que l'alcool, consommé sans modération, ne fait pas bon ménage avec les médicaments quels qu'ils soient. Mais cela tient essentiellement au fait que la consommation d'alcool est mauvaise pour la santé ; les interactions alcool-médicaments existent, mais elles sont rares.

Au temps des traitements développés pour soigner la tuberculose, les antibiotiques antituberculeux étaient inefficaces dès lors que les patients continuaient à boire de l'alcool. Ce n'est plus le cas aujourd'hui : la plupart des antibiotiques courants ne sont pas incompatibles avec la prise d'alcool, en quantité raisonnable bien sûr ; les rares exceptions étant bien identifiées (notamment le métronidazole).

CHAQUE COULEUR DES ANNEAUX OLYMPIQUES REPRÉSENTE UN CONTINENT EN PARTICULIER

L'olympisme est symbolisé par cinq anneaux entrelacés, de même taille, de cinq couleurs différentes, sur un fond blanc : bleu, jaune, vert, rouge et noir.

Le bleu est supposé symboliser l'Europe, le jaune l'Asie, le vert l'Océanie, le rouge l'Amérique et le noir l'Afrique.

Mais contrairement à ce qu'on pense, chaque anneau de couleur composant le symbole olympique ne représente pas un continent en particulier, mais plus exactement l'union des cinq continents ainsi que la rencontre des athlètes du monde entier.

LE GAZ NATUREL SENT FORT

Une forte odeur de gaz ? Attention, danger !

Le gaz naturel, dont on se sert pour le chauffage ou la cuisine, est facilement reconnaissable grâce à son odeur si désagréable et si caractéristique. Dès qu'on perçoit cette odeur, c'est un signe de fuite de gaz, avec tous les dangers que celle-ci peut comporter.

Il est assez logique de penser, puisque le gaz de ville s'appelle aussi « gaz naturel », qu'on l'utilise tel quel dans la vie courante, il sent donc naturellement fort.

En réalité, ce gaz est absolument inodore ; c'est donc pour prévenir les accidents graves et les intoxications que l'on ajoute au gaz naturel un additif liquide qui sent fort, le mercapatan éhtylique, ou éthanethiol, ou Sultan T. Il contient notamment du soufre, ce qui explique son odeur aussi… désagréable, mais très efficace.

MAGELLAN A FAIT LE TOUR DU MONDE

On retient communément que Magellan fut le premier marin à « circumnaviguer », c'est-à-dire à accomplir le tour du monde.

Fernao de Magalhaes, en français Magellan, quitta en effet l'Espagne le 19 septembre 1519 en direction de l'ouest, avec une armada de deux cent soixante-cinq marins répartis dans cinq caravelles. Ce voyage fut entrepris grâce à l'aide financière du roi d'Espagne d'alors, Charles Quint. Le projet de Magellan était, en effet, de contourner l'Amérique et poursuivre cette route occidentale jusqu'en Asie.

Le voyage, tout comme sa préparation, sera marqué par des péripéties diverses et variées. Après avoir longé l'Amérique du Sud et essuyé une mutinerie, perdu une caravelle, la flotte découvrira le passage vers l'ouest, baptisé plus tard détroit de Magellan. L'expédition débouchera dans ce qui sera appelé le Grand Océan Pacifique. Puis en 1520-1521, la traversée de l'océan Pacifique aura lieu, non sans dégâts collatéraux : mutineries, scorbut, etc. La flotte accostera ensuite sur l'île de Cebu, située dans l'archipel des Philippines. Là, les choses se gâteront encore et, le 27 avril 1521, Magellan y sera mortellement blessé par une fléchette empoisonnée, lors d'une expédition punitive contre le roi de l'île voisine.

Cela signifie que Magellan n'a pu achever son expédition : lui n'a donc, malheureusement, pas fait le tour du monde. Sa flotte, ou du moins ce qu'il en restait, a réussi à mener à bien son projet : le 6 septembre 1522, une seule caravelle sur les cinq engagées à l'origine fit son retour en Espagne, avec à son bord dix-huit rescapés.

L'ALCOOL NE GÈLE PAS

La vodka (à consommer avec modération) placée au congélateur reste liquide. Cette faculté qu'a l'alcool de ne pas geler dans le congélateur ne veut pourtant pas dire que l'alcool est un liquide qui ne gèle jamais.

La subtilité est que l'alcool gèle, mais à une température vraiment très basse, aux alentours de –114° C.

Ainsi, l'alcool n'échappe pas à la règle qui concerne tous les liquides : le changement d'état – du liquide au solide, et inversement – s'opère à une certaine température et dans certaines conditions.

Cette particularité de geler à une température aussi basse est liée à la composition moléculaire de l'alcool. Ce sont en particulier les forces intermoléculaires qui déterminent si un liquide change d'état ou non : les forces d'attraction intermoléculaires de l'eau sont bien supérieures à celles de l'alcool, et expliquent ainsi que l'eau gèle à une température proche de 0 °C, tandis que l'alcool ne gèle pas avant –100 °C.

IL EST OBLIGATOIRE D'ACCROCHER LE PORTRAIT DU PRÉSIDENT DE LA RÉPUBLIQUE DANS LES MAIRIES

La plupart des mairies, mais pas toutes, exposent un portrait du président de la République en exercice. Ce serait une obligation… Faux !

On appelle ça en France une « coutume républicaine » : une simple mais symbolique tradition, c'est-à-dire une pratique entrée dans les mœurs, mais sans caractère obligatoire, sans aucun fondement législatif ni règlementaire. Il en va, d'ailleurs, de même pour les autres symboles républicains : le buste de Marianne, le drapeau national et la devise de la République.

Seule la Constitution de la Vᵉ République, actuellement en vigueur en France, définit dans son article 2 ce qu'est l'emblème national : le drapeau bleu-blanc-rouge, et la devise de la République : « Liberté, Égalité, Fraternité ».

Et qui dit absence d'obligation dit absence de sanction pour les éventuels réfractaires à cette coutume républicaine.

LE FOU DES ÉCHECS DÉSIGNE LE FOU DU ROI

Parmi les trente-deux pièces que compte un jeu d'échecs, seize blanches d'un côté et autant de noires de l'autre, on trouve dans chaque camp deux fous. Le fou se déplace en restant toujours sur la même couleur et chaque joueur possède donc un fou de case noire et un fou de case blanche. De fait, le fou se déplace toujours en diagonale, du nombre de cases que l'on veut.

Tous ces pions – reines, rois, cavaliers, fous – laissent penser que le fou des échecs désigne expressément le fou du roi, le bouffon des cours royales médiévales. En réalité, l'origine du nom attribué à cette pièce du jeu d'échecs est assez énigmatique.

Il semblerait que le fou des échecs se soit appelé ainsi du fait d'une erreur de traduction ou plus exactement de retranscription.

Le jeu d'échecs a été introduit en Occident, en Europe méridionale, à la fin du Xe siècle ; il est vraisemblablement issu du chaturanga, originaire d'Inde et créé vers le VIe siècle. Le chaturanga, d'abord jeu de hasard se jouant avec des dés, s'est exporté en Perse où il a considérablement évolué à partir du VIIe siècle et jusqu'au Xe siècle, pour se transformer en chatrang, jeu de réflexion proche de celui qu'on connaît aujourd'hui. On y trouvait entre autres pièces : le roi (Shâh), le conseiller (Vizir), l'éléphant (Fil, « pilu » en sanscrit), le cheval (Faras), le char (Roukh) et le soldat (Baidaq).

Certaines de ces pièces seront occidentalisées lorsque le jeu sera introduit en Europe et, curieusement, le vizir deviendra la reine, et l'éléphant le fou.

L'hypothèse la plus probable expliquant cette métamorphose de l'éléphant en bouffon viendrait du mot « Fil » désignant l'éléphant, qui se prononçait « Foul » en vieux persan et a été retranscrit en « Fol » en vieux français, soit le fou.

BOIRE DU CAFÉ ATTÉNUE LES EFFETS DE L'ALCOOL

Nombreux sont ceux qui sont persuadés qu'une bonne tasse de café bien fort atténue presque immédiatement les effets de l'alcool, ce qui leur permettra ensuite, par exemple, de prendre le volant pour rentrer chez eux en toute sécurité. Erreur, grave erreur, qui peut avoir des conséquences désastreuses !

Il n'en est absolument rien. Il s'agit d'une vraie idée préconçue, d'une légende tenace qui permet aux buveurs plus ou moins occasionnels de se donner bonne conscience, en oubliant la modération : le café n'atténue pas du tout les effets de l'alcool. Tout au plus, le café permet de diminuer la sensation d'ivresse, sans neutraliser pour autant l'alcool présent dans le sang.

Et, pis encore, il a été démontré que la combinaison alcool-caféine peut carrément être dangereuse pour la santé, puisque la personne alcoolisée sous-estime son taux d'alcoolémie et peut alors boire davantage !

MON TRUC EN PLUMES

SI UN OISILLON TOMBE DU NID ET QU'ON L'Y REMET, IL SERA REJETÉ PAR SES PARENTS

Un oisillon tombé du nid, si on l'y remet, sera rejeté par ses parents qui cesseront de le nourrir, c'est une certitude : le bébé oiseau sera imprégné de l'odeur humaine, ce qui entraînera le rejet immédiat des parents.

Eh bien ! voilà encore une idée reçue qui a la vie dure !

L'oisillon tombé du nid peut tout à fait y être replacé ; il ne sera pas rejeté par ses parents qui continueront à le nourrir. Certaines espèces d'oiseaux (oiseaux de nuit, rouges-gorges) veillent sur l'oisillon même si on l'a replacé en dehors du nid, à proximité.

Les cas de rejet de l'oisillon sont très exceptionnels et ne sont pas liés à la manipulation par l'homme : l'oisillon peut avoir été délaissé par ses parents pour cause de malformation physique ; dans ce cas, le remettre dans le nid ne servirait à rien, les chances de survie de la pauvre petite bête seraient de toute façon largement compromises.

ON ÉCRIT « BÂILLER AUX CORNEILLES »

Alors comme ça, on perd son temps à ne rien faire, à rêvasser comme un gros paresseux ! Pour un peu, on serait presque fier de « bâiller aux corneilles ». Pourquoi pas ? Il n'y a pas de mal à se laisser aller de temps en temps…

Mais on ne « bâille » pas aux corneilles, on « baye » aux corneilles.

Cette graphie bien particulière fait, en effet, référence au verbe « bayer » dont, certes, le sens est proche de « bâiller », le premier signifiant « s'ouvrir » et le second « être ouvert ». La distinction est assez subtile, mais ce sont bien deux mots différents : « bâiller » s'est au fil du temps et des usages subtilisé à « bayer », le terme initialement employé dans l'expression.

Il faut à cet égard remonter au XVIe siècle pour trouver les origines de cette expression : les corneilles désignaient alors les oiseaux noirs, mais aussi des objets sans aucune utilité ni intérêt particulier, et même les fruits du cornouiller.

Mais ouvrir la bouche involontairement lorsqu'on est fatigué, c'est « bâiller », et rester la bouche ouverte d'admiration, c'est « bayer » : lorsque le sujet est la bouche, l'expression du mouvement se retrouve dans le premier et l'immobilité dans le second ! Enfin « bayer aux corneilles » signifie simplement regarder en l'air oisivement, bouche bée. « Bayer aux corneilles » voulait et veut toujours dire « rester la bouche ouverte en regardant des choses sans intérêt », et non bâiller à tout bout de champ comme on le croit aujourd'hui.

LE « GRAIN » DE « VEILLER AU GRAIN » DÉSIGNE LE GRAIN POUR LES POULES

Comme chacun sait, « veiller au grain » signifie faire preuve de vigilance, surveiller attentivement, rester sur ses gardes pour faire face à toute difficulté ou danger.

Le « grain » de cette expression ancienne ne désigne pas le grain que l'on donne aux poules et autres volailles pour les nourrir. La basse-cour et la ferme n'ont aucune responsabilité dans cette expression qui trouve ses origines dans le vocabulaire marin.

Le « grain » qui fut utilisé à partir du milieu du XVIe siècle dans la marine pour définir une tempête soudaine et de courte durée, caractérisée par des vents forts et des précipitations importantes, vient malgré tout du latin *granum*, la graine ou le grain. Il n'est pas impossible, d'ailleurs, que les précipitations de grêle qui ont lieu pendant les fameux grains soient à l'origine de cet emploi au sens figuré du mot « grain ».

L'expression « veiller au grain » est apparue pendant la première moitié du XIXe siècle : pour les marins, « veiller au grain » signifiait, alors, faire preuve de la plus grande vigilance, pour pouvoir réagir très vite en cas de changement brutal des conditions météorologiques. Le sens de l'expression s'est généralisé à tous les domaines au fil du temps.

« LE DINDON DE LA FARCE » FAIT RÉFÉRENCE À L'ANIMAL ET À LA CUISINE

« Être le dindon de la farce » signifie bien évidemment se faire avoir dans les grandes largeurs, se faire plumer ou être la victime d'une plaisanterie de plus ou moins bon goût.

Et puisqu'il est question de dindon et de farce, a priori, il n'y a aucun doute : l'expression a des origines culinaires et le dindon n'est autre que le mâle de la dinde, qui subit chaque année un sort fatal au moment de Noël, ou de Thanksgiving de l'autre côté de l'Atlantique. Quant à la farce, il s'agit assurément de celle dont on fourre l'animal pour en agrémenter le goût, avant de l'enfourner.

Mais, et cela peut surprendre, il n'est pas question de volaille farcie dans cette expression. Pour comprendre les origines de cette expression, il faut vraisemblablement remonter au Moyen Âge : à cette époque, les comédies bouffonnes ou les farces théâtrales mettaient en scène des personnages récurrents, parmi lesquels Dindon, un père de famille berné par son entourage, sujet de toutes les moqueries.

Ce personnage était donc systématiquement « le Dindon de la farce ».

LE PINGOUIN NE VOLE PAS

Le pingouin, dont le nom exact est « petit pingouin », est un oiseau noir et blanc, que l'on confond avec le manchot. Du coup, on est persuadé que le pingouin ne vole pas, puisque le manchot lui-même ne vole pas.

Cette confusion a deux explications possibles : il existait jusqu'au milieu du XIXe siècle une autre espèce de pingouin, désormais éteinte, le « grand pingouin », qui ne volait pas, et qui ressemblait, d'ailleurs, beaucoup au manchot.

L'autre explication réside peut-être dans la traduction du mot « manchot » en d'autres langues : « pinguïn » en néerlandais, « pingüino » en espagnol, « Pinguin » en allemand, « pinguino » en italien, « penguin » en anglais.

En tout cas, le petit pingouin vole… tout en étant très honnête.

LES AUTRUCHES ENTERRENT LEUR TÊTE DANS LE SABLE LORSQU'ELLES ONT PEUR

Les pauvres autruches sont tellement peureuses qu'elles s'enterreraient la tête dans le sable pour se soustraire au danger. Certes, cet animal est singulier, mais pas au point d'avoir ce comportement bizarre en cas de danger.

Cette fausse croyance concernant les autruches vient probablement d'une interprétation de leur comportement lorsqu'elles se sentent en danger : dans ce cas, elles aplatissent le plus possible leur long cou, afin de ne pas attirer l'attention de leur prédateur.

D'ailleurs l'expression « faire l'autruche » est elle-même basée sur cette fausse croyance.

LES COQS NE CHANTENT QUE LE MATIN

Les coqs adorent faire les malins, histoire d'épater la galerie. C'est précisément en chantant que le coq délimite son territoire : celui-ci s'arrête là où son chant ne porte plus. D'où le fait que le coq s'époumone.

Il s'égosille de manière plus intense le matin, moment de la journée où il est le plus actif, mais il ne chante pas que le matin. Il continue ses cocoricos tout au long de la journée, en particulier pour faire savoir aux poules qu'il veille sur elles, au cas où elles se sentiraient un peu seules ou en danger…

LES HIBOUX PEUVENT TOURNER LEUR TÊTE À 360 °

Seule la petite fille possédée par le démon dans le film *L'Exorciste* est capable de faire faire un tour complet à sa tête, et ce sans subir quelque dommage que ce soit !

Les hiboux ne tournent leur tête qu'à 270 °, et non à 360 °. Mais ce n'est déjà pas si mal : les humains ne peuvent absolument pas en faire autant.

Les hiboux tiennent cette capacité singulière de leurs vertèbres cervicales et de la musculature de leur cou.

LES OISEAUX MIGRENT POUR ÉCHAPPER AU FROID

Ce n'est pas le froid en lui-même qui pousse les oiseaux à migrer chaque année. En effet, les oiseaux ne sont pas frileux et sont parfaitement équipés pour supporter les basses températures.

Les oiseaux migrent en hiver parce que la nourriture se raréfie : le manque de ressources alimentaires les pousse à migrer là où ils auront de quoi manger. Même dans la savane africaine, les oiseaux migrateurs partent plus au sud en période de sécheresse, lorsque la nourriture vient à manquer. Sous nos latitudes, les albatros traversent les océans en suivant le sillage du plancton avec lequel ils s'alimentent.

Les migrations des oiseaux leur permettent ni plus ni moins d'éviter les périodes de pénurie alimentaire, mais pas directement les variations climatiques contre lesquelles ils sont naturellement protégés.

LA « CHOUETTE » DÉSIGNE L'OISEAU DE NUIT

« Comme c'est chouette ! » Voilà une manière d'exprimer son contentement à la vue d'une jolie chose ou d'une belle personne, ou en apprenant une bonne nouvelle.

Curieusement, la « chouette » de cette expression n'est pas l'oiseau de nuit ; d'ailleurs, l'animal fut longtemps considéré comme un oiseau de mauvais augure. La chouette portait malheur et annonçait la mort. Au Moyen Âge notamment, l'oiseau nyctalope avait bien mauvaise presse, tant et si bien qu'on le clouait aux portes des maisons pour conjurer le mauvais sort.

Les Romains prêtaient de bien mauvaises intentions aux chouettes, que leur habitat et leur mode de vie nocturne faisaient passer pour des oiseaux symbolisant la mort. En revanche, pour les Grecs, la chouette symbolisait la sagesse et était associée à Athéna ou Pallas Athéna, déesse de la guerre mais aussi de la sagesse, des artisans, des artistes et des maîtres d'écoles. La chouette est d'ailleurs devenue le symbole d'Athènes.

En réalité, la « chouette » dont il est question ici vient de l'ancien français « choeter », verbe qui signifiait « faire le coquet ».

TABLE DES ENTRÉES

Imprimé en Europe
ISBN : 978-2-36075-1396
Dépôt légal : à parution